新形式対応

TOEIC® L&R TEST
音読特急
速聴力をつける

駒井亜紀子　Daniel Warriner

JN044059

朝日新聞出版

編集協力 ——————— 渡邉真理子
株式会社 Globee

録音協力 ——————— 英語教育協議会（ELEC）
東健一
Emma Howard 🇬🇧
Howard Colefield 🇺🇸
StuartO 🇦🇺
Nadia Jaskiw 🇨🇦

もくじ

長いまえがき ……… 4

第1章 **音読トレーニングをはじめる前に**

音読トレーニングの効用 ……… 12
音読トレーニングのメニュー ……… 22

第2章 **パート3でトレーニング**

問題演習+音読トレーニング

1 ……… 31	**2** ……… 41	**3** ……… 51
4 ……… 61	**5** ……… 71	**6** ……… 81
7 ……… 91	**8** ……… 101	**9** ……… 111
10 ……… 121	**11** ……… 131	**12** ……… 141
13 ……… 151		

仕上げのトレーニング ……… 162

第3章 **パート4でトレーニング**

問題演習+音読トレーニング

1 ……… 193	**2** ……… 203	**3** ……… 213
4 ……… 223	**5** ……… 233	**6** ……… 243
7 ……… 253	**8** ……… 263	**9** ……… 273
10 ……… 283		

仕上げのトレーニング ……… 294

　この本を手に取ってくださり、誠にありがとうございます。

　まずは、私がどんな想いで TOEIC に取り組んでいるのか、私の自己紹介もかねてご紹介させてください。

　もちろん、ここをスキップして、第1章の「音読トレーニングの効用」に進んでいただいてもまったく問題ありません。無名の私が書いた本で、皆さんが貴重なお時間を使ってTOEIC 学習をしてくださるならば、せめてはじめに自分の想いをお伝えさせていただこうと記したものです。本書に対する想いだけでも知っていただけましたら幸いです。

　私が英語講師のキャリアを歩み始めたのは、もう約15年前になります。

　英会話学校の受付として勤めていた際は、主に受講生のカウンセリングを担当していたのですが、自分がカウンセリングをするだけではなく、実際に英語を教えることができたらもっと効果的なのではないか、と歯がゆい気持ちでいました。ただ、教える側になりたいという想いはあったものの、大学生の時、最後に受けた TOEIC のスコアは700点を超えておらず、全く現実的な目標ではありませんでした。

　その後、英会話学校を退社し、半年間の留学を経て、今度は自動車メーカーの人事部で働くことになりました。私が働きだした時、まさにその企業はヨーロッパの企業の子会社となったばかり。上司が外国人となり、作る資料は全て日本語と英語で作り、プレゼンテーションや会議も英語となり、思うように業務が進まず、多くの社員が「英語の壁」に苦労していた時期でした。

当時、私の TOEIC のスコアは785点。多少英語はできたので、会議の簡単な通訳や資料作りの助っ人を頼まれることも多々あり、「英語の手助けをできる喜び」を再確認していました。

　実際に英語を使う現場で仕事をしながら「講師」としての経験も積みたいと考えた私は、週1回だけ英会話講師として勤められる英会話学校を探し、自動車メーカーで働く傍ら、週1回だけ英会話学校で働き始めました。

　これが講師としての初めての仕事でした。

　その英会話学校で初めて TOEIC 指導を担当することになったのですが、「TOEIC を教える」という経験は皆無だったので青ざめました。TOEIC の受験経験は豊富でしたが、どう指導したらいいかは自分で試行錯誤しなければならず、パソコンで TOEIC 指導について調べ始めました。

　そしてその時に初めて、今や TOEIC 業界で知らない人はいないヒロ前田先生の存在を知りました。ヒロ前田先生が開く「TOEIC 講師のためのセミナー」に参加し、そこで多くの経験豊富な先生方に出会い、TOEIC 指導の楽しさにのめり込みました。

　後日、そのセミナー関連のイベントの帰りに、特急シリーズでも有名な TEX 加藤先生と、もう1人 TOEIC 指導者として名のある先生と3人でカフェに立ち寄りました。たまたまそこに居合わせて加えていただいたので、なんだか恐縮して肩身が狭く、ただただ黙ってお二人の話をしばらく聞いていました。

　さすが著名な講師の方々のお話は本当に興味深く、ひたすら頷きながら話を聞いていたのですが、TEX 加藤先生がふと私に向かってこう聞いてくださいました。

「ところで駒井さん。駒井さんはこれから何がしたいんですか」と。

　ただ頷く私を気遣って話を振ってくださったのは間違いありませんが、講師として駆け出しの私にこんなことを質問してくださるなんて、ととても感動しました。まだまだ実力も経験も伴わず、ただ情熱だけ持ち合わせていた私でも、「こうなりたい」という願望はあったので、それを超著名なTEX加藤先生に少しでも聞いてもらえるということが嬉しかったのをよく覚えています。

　「いつか学生にTOEICを教えてみたいです」

　その時にそう答えました。そしてその時は、まさかその4年後にTEX加藤先生の所属する学校で働き、学生にTOEICを指導できる立場になっていることなど考えてもみませんでした。

　こうして、企業を訪問してTOEICセミナーを実施したり、学生に指導するようになってから数年が経ますが、同じ相手を長期的に指導しているとわかることがあります。実に当たり前のように感じますが、学習が辛くなると忘れがちになること。それは「英語学習を継続すると英語の実力がつく」ということです。

　なぜ人は挫折してしまうのか。それはおそらくこの「当たり前」を信じられなくなる時があるからだと思います。「本当にこのやり方でいいのだろうか」「こんなことをやっていて本当に意味があるのだろうか」「こんなに頑張っているのに力がつかない」などなど、途中で雑念が頭を支配し、成果が出る前にやめてしまう人がいます。

数年前、授業を担当する学生の TOEIC テストの結果が想像以上に良くなかったことがあり、希望者4名に補習授業を行いました。

　いえ、実は補習授業と言えるほどの内容でもなく、TOEICパート3やパート4の音読を1週間で100回を目指してやってくるように指示し、補習の時にはその音読の成果を確認し、次回の音読課題をひたすら音読練習するというだけの授業でした。1週間で100回という回数に届かなかった学生もいましたが、間違いなく音読への意識は増したはずです。

　7月に受けた TOEIC のリスニングスコアが、約2カ月間の補習期間を経て、11月には次のように出ました。この補習授業自体が意欲的な学生だけを集めたということを考慮しても、音読の効果は大きかったのではないかと思います。

> ① 285点 ⇨ 375点（＋90点）
> ② 255点 ⇨ 340点（＋85点）
> ③ 310点 ⇨ 370点（＋60点）
> ④ 285点 ⇨ 270点（－15点）

　ただ、ここでお話ししたいのは「音読の効果」だけではなく、スコアが下がってしまった学生についてです。他の3人は大きくスコアを伸ばしたにもかかわらず、1人だけ結果が出ませんでした。

　この学生はスコアが上がらなかったことに、凄く落ち込んでいました。「どうせ何やっても無理なんです」という後ろ向きな言葉も出ていましたが、とにかく最後の3学期まで励まし続け、音読を続けるように指示しました。

　すると、翌年3月の TOEIC テストで、リスニングのスコアが270点から110点アップし、380点となったのです。本

人もとても驚き、二人で抱き合って喜びました。「あぁ、やっぱり努力を続ける人には結果がついてくるものだな」とつくづく感じたものでした。

このことからもわかるように、英語力の伸び方には間違いなく個人差があります。たとえ同じことをやっていても、実力の伸び方に差があるのは、おそらくその人が歩んできたバックグラウンドも影響しているのでしょう。

例えば、「英語の勉強をやり直す」となった場合、学生時代や受験期に英語の勉強をどれだけやって、どれだけ英語の基礎が頭に残っているかによっても力の伸び方は違います。また、幼少時代を英語圏で過ごした経験のある人も、英語の習得は早いかもしれません。洋楽が好きで、毎日洋楽を聞いている人にとって、英語のリスニングは苦ではないかもしれません。

ただ、1年間を通して指導をしていると、努力を続けた人は自分の望む結果が手に入っている、というのが私の印象です。もし1年で結果が出なかったとしても、望む結果が出るまで努力をし続けていれば、努力が無駄になることはありません。一方、途中でやめてしまえば、成果を得られる可能性は間違いなくゼロになります。

英語指導を通して、「英語学習の方法論」より大事なのは「まずは自分の可能性を心の底から信じ、努力を続けること」だと思っています。「これ以上成長するのは絶対に無理だ」と思っていたら本書を手に取ってはいないでしょう。そして、自分の成長の可能性を信じられない人は努力し始めることもできません。赤ちゃんが何度転んでも立ち上がり、歩こうとするのは、「歩けないかもしれない」とは思っていないからでしょう。

まずは、ある一定期間、何があっても「やり続ける」とい

う覚悟が必要です。多忙で思うように学習に時間が取れない時期もあるでしょうし、伸び悩むこともあるでしょう。絶対的な目標だったものが空虚なものに感じる時もあるでしょう。人と比べて自分の出来なさ加減にうんざりすることもあると思います。でも、どんな時でも「やり続ける」と覚悟を決めてください。

　すぐに結果が出ず、それでも続けることは凄く苦痛ですが、そんな時は結果を追うのを一旦やめ、これと決めた学習にとにかく集中し、少しでも続けるすることをお勧めします。

　堀江貴文さんが『多動力』という本を出版したくらいからでしょうか、今般、「辛かったら即やめてもいい」「結果が出なければ即次へ」という風潮を強く感じますが、私はそれとは少し異なった考えを持っています。

　それは、「結果が出なくても続けてほしい」ということです。その結果が心から欲しければなおさらです。結果はあとからついてきます。それは辛い時期を経て、結果を出した人を何人も見てきたから言えることであり、他人と比べてやる気をなくし、雑念にとらわれてやめてしまうのは非常に勿体ないと感じます。

　『多動力』の担当編集者である箕輪厚介さんはこう書いています。

　　『多動力』が30万部を超えるベストセラーになって、ひとつの弊害が生まれた。ツイッターを眺めていると「つまらないから仕事辞めました！これぞ『多動力』」みたいな発言をよく目にする。各業界の縦の壁が解けていくこれからの時代において、一つの仕事に縛られず、あれもこれも手を出してみる力は間違いなく重要だ。しかし、結局一つの道で頭角を現さないとどうしようもな

い。一つのことを突き詰めもせずツマミ食いしても、単なる器用貧乏になってしまう。結局、軸足がどこにあるのかが問われる。サッカーでもキックボクシングでも軸足をしっかりと置いてなければ強いキックはできない。（『死ぬこと以外かすり傷』より引用）

これはビジネスにおける姿勢について書かれたものですが、学習でも同じことが言えるでしょう。英語力の必要性を感じながらも、すぐに成果が出なければ「自分には無理！」と投げ出すことは正解ではありません。一度「これ」と決めた学習に軸足をしっかり決め、ある一定期間やり通すことで、スタート地点とは違った景色が徐々に見えるようになります。

皆さんの本当の挑戦は、英語への挑戦ではなく、自分への挑戦です。自分をどのくらい信じることができ、続けることができるかにかかっています。

まずは本書をこれでもかというくらいやり込んでみてください。

大丈夫です。皆さんならできます。

やり遂げた時、それが大きな自信となり、成果へとつながることは間違いありません。

この本を手に取ってくださった皆さんの行動力と可能性を心から信じています。

 駒井 亜紀子

第1章

音読トレーニングを
はじめる前に

ぜひ知ってほしい
音読の絶対的
効果の数々!

音読トレーニングの効用

　TOEIC 対策授業を担当するようになって、15 年程経ちます。

　リスニングの授業では、「音読」を最重要トレーニングと位置づけ、実際に時間も一番使っています。

　耳で聞くのがリスニングなのに、「リスニング力向上」になぜ口を動かして読む「音読」が重要なのでしょうか？

　TOEIC のリスニングスコアを上げるには、**「英語を正しく聞き取り、理解する力」**が必要です。たとえ問題を数多くこなしてテストの形式に慣れたとしても、それだけで飛躍的にスコアを上げることはできません。**底堅い力をつけなければ、ハイスコアは望めません。**

　もちろん、英語を大量に聞くこともリスニング力の向上につながりますが、ただ漫然と聞いているのでは時間を空費してしまいます。

　「音読」が効果を発揮した実例はいくつもあります。

　例えば、ある学生は 4 月の時点でリスニングパートのスコアが 220 点だったにもかかわらず、音読中心の授業を受け始め、7 月に受けたテストでは 145 点アップの 365 点になり、結果的に 1 年で 495 点満点中 420 点までリスニングスコアを伸ばしました。

　また、最終的に暗唱ができるまで音読を繰り返した学生は、270 点だったリスニングスコアが 405 点になりました。1 年間でリスニングスコアが 135 点も伸びたのです。

　音読を熱心にやる人ほど「英語が聞き取りやすくなった！」とその効果を実感してくれますし、スコアも大きく伸びてい

ます。

　授業中に音読をチェックする機会もありましたが、普段から英語を聞き、音読練習している人ほど正確な音を口から出すことができます。テンポやリズムよく、スムーズに音読できるということは、「英語の音」に慣れている証拠でしょう。

　こんな声も聞くこともできました。

　　「朝音読を毎日続けることで、その日の英語の授業が聞きやすくなった。朝の音読が癖になり、もうやめられません」と。

　朝の音読で英語の脳を活発にさせることで、頭を英語モードに切り替えられたのかもしれません。

　「音読」は英語の「音やリズム」を身体で覚え、「単語やフレーズ」を学び、英文が意味する「イメージ（＝理解）」を頭に刷り込み、「文法知識」を自然と身に付けられるという、いくつもの英語力を身に付けられるトレーニングです。

　「英文が意味するイメージを頭に刷り込む」というのは、「英語で述べられた状況を英語のまま理解して、即座にイメージできる力」につながります。TOEICでは、流れてくる英文が意味している状況を明確にイメージし、話者の心情がわからないと答えられない問題が出題されます。リスニングのスコアアップを目指す上で、この力が最も重要と言えるかもしれません。

　さらに、上記の力をつけることで、英語の「スピード」に対応できる力も備わっていきます。

　まさに、一石二鳥、いや一石五鳥にもなるトレーニングなのです！

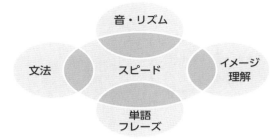

　ここで「音読」の効果をさらに具体的に確認してみましょう。

🚂 その1 【音と理解をつなげる】 頭に英語の回路を作ることができる

　「英文を聞いたら、瞬時に意味がわかり、イメージが湧く」というのが英語を聞く時の理想の状態です。I forgot to bring my pen.（ペンを忘れてしまいました。）と言われたら、forgot は「忘れた」で、bring は「持ってくる」という個々の単語の意味を頭で整理し、時間を掛けて理解しようとするのではなく、ペンを忘れた人の状況をイメージして、Here you are.（はい、どうぞ。）とすぐに自分のペンを渡せるような感覚です。

　「英語を聞く⇨日本語で理解する⇨イメージが湧く」というプロセスでは、英語のスピードにはついていけません。そうではなく、**「英語を聞いたら即座に理解できる、イメージが湧く」**という頭の回路を作る必要があります。

　音読には、**「音と理解をつなげる効果」**があります。

　「音と理解をつなげる効果」を実感するために必要なのは、この2つです。

1. 「状況をイメージしながら」英文を読むこと

　同じ英文を何度も、状況をイメージしながら音読します。それを続けると、英文にそのイメージが定着していきます。

　The restaurant was crowded with people. (そのレストランは多くの人で混みあっていました。) という文を聞いたら、日本語が浮かぶのではなく、その情景が頭に浮かぶようになってきます。

　または、I'm in a hurry to catch a train. (電車に乗るのに急いでいます。) と言われたら、その人が慌てて駅に向かう状況が頭に浮かぶようになります。

2. 英文を「感情を込めて自分の言葉として」読むこと

　英文を単なる記号として処理してはいけません。意味のない記号の読み上げを、いくら練習しても何も身に付きません。

　楽譜を「ドレミ・ドレミ・ソミレド・レミレ」と音程をイメージせずに記号だけ読み上げても、メロディーを思い浮かべる事ができないのと同じで、英文を意味のない記号として読んでしまうと、その状況を全く思い浮かべることができません。

　英文は「意味を成す言葉」であり、**感情を込めて、その場にいる自分を想像し、自分の言葉として読む**ことで、その英文に魂が宿ります。

　I really appreciate your help. (手助けしてくれて感謝しています。) という英文には「感謝の気持ち」が入り、I have a big problem. (大きな問題を抱えています。) という英文には「困っている」という気持ちが入ります。

　こうして音読を繰り返すことで、**英語の「音」が、「言葉」となり、英文を聞いた時に意味が即座に理解できるようになってくる**のです。

何度も同じスクリプト（英文の台本）を声に出して読むことによって、英語表現・単語が身体に染みついてきます。「考えたらわかる」というレベルではなく、**「聞いたら即わかる」というレベル**になります。

　また、本書を通して音読を実践することで、TOEICパート3やパート4で使われる英語表現や単語を、文脈の中で覚えることになります。すると、とても記憶が定着しやすくなります。

　例えば、音読を繰り返していると、自然と単語やフレーズを覚え、1つのストーリーを丸ごと暗唱ができるくらいになります。その結果、スクリプトの一部を空所にして、音声を聞かせ、その空所部分をディクテーション（聞いた英語を文字に書き起こす作業）してもらうようなテストをすると、難なく埋められる人も多く、**そういう人が結果的にリスニングスコアも大きく伸ばす**という傾向はいつも変わりません。

　中には「何度も音読しているので、音声を聞かなくても空所を埋められる」という学生もいます。音読をしていると、ストーリーとして頭に入るので、覚えることが苦にならないのでしょう。

　また、一度音読したフレーズが、他の内容を聞いた時にも使われていれば、当然その知識が活きてきます。

　例えば supplies（名詞 supply の複数形：「備品」の意味）という単語。Could you order <u>more office supplies</u>?（もっとオフィスの備品を注文してもらえますか。）という文で、more office supplies というフレーズを音読した人は、We need to buy <u>more office supplies</u>.（私たちはもっとオフィスの備品を購入す

る必要があります。) のような異なる文を聞いても、決して sup-plies を surprise（動詞「驚かす」の意味）だと勘違いしないでしょう。

「supplies を surprise と間違えるなんてことはしない」と思うかもしれませんが、実際には多くの人が間違えます。

ストーリーの中で英語表現を学ぶと、**その単語を「どのような時に、どのように使うのか」をしっかり身に付けられる**のです。

そして、TOEIC で扱われるストーリーは、似たような場面設定が多く、一度学んだフレーズが他の場面で出てくるというケースが多くあるため、**1つのスクリプトをしっかりと音読する価値が非常に高い**とも言えます。

また、英語表現が身に付くことで英語の聞き取りがしやすくなります。

例えば、Would you mind if I ask you about the cost? (費用についてお聞きしてもいいですか。) という英文を繰り返し音読するとします。

少し長めの文ですよね。ところが、何度も音読をすることで、Would you mind ～ ? というカタマリと、if I ask you about the cost. という２つのカタマリとして捉えられるようになってきます。そして、一度カタマリで身に付いてしまえば、別の場面であっても、一瞬で意味がイメージできるようになるのです。

そして音読を繰り返すことで、**「英語のカタマリ」のストック**をつくることができます。

「英語のカタマリ」のストックの数が増えれば増えるほど、余裕をもってリスニングができるようになります。そして余裕ができればできるほど、**速い英語でも、聞き取れる**ようになってくるのです。

TOEICにおいては、頻出の「英語のカタマリ」が数多く存在します。本書の問題は、その頻出の「英語のカタマリ」を使ってつくりました。

ですので、安心して繰り返して音読してください。良質なストックがどんどん増えていきますよ。

 **その3** 【音】
正しく発音練習をすることで、
英語が聞きやすくなる

英語を聞いて、全く意味がわからなかったのに、スクリプトを見ると全部意味がわかった、という経験はありませんか。残念ながら、「知っている単語＝聞き取れる単語」ではないからです。

「知っている単語」を、「知っている単語⇨聞き取れる単語⇨瞬時に理解できる単語」と変えていくことができるのが音読です。文字データとして蓄えられている単語情報を、音声データとしても、そして口の筋肉や声帯を震わす運動データとしても脳にストックしていきます。

例えば、first of all は実際には3単語ですね。しかも、first/of/all の3つの単語は全く難しくはありません。しかし、ネイティブが発音する時は、「ファースタボー」のようにまるで1つの単語のように発音するため、多くの人が「知っているけど聞き取れない」という経験をすることになります。

音読する際には音声を聞き、正しい音を真似て音読することで、より「英語の音」に意識を向けることができます。「文字の意味を知っている」だけではなく、多角的な情報を得ることができ、その結果、それがリスニング力向上へとつながります。

その4 【理解・スピード】
　　　　　英語の語順に慣れることができる

　皆さんご存知の通り、英語は日本語の語順とは異なりますよね。

　例えばこんな感じです。

英語の語順　　I　always　study　English　at school.

日本語の語順　I　always　at school　English　study.
　　　　　　　私は　いつも　　学校で　　英語を　勉強します

　しかし、音読する時には必ず頭から順に読み、理解していきます。英語を紙の上で読解している時のように「返り読み（英文を戻ってもう一度読み直すこと）」はできません。

　音読をすることで、**英文の前から意味を理解していく「思考のクセ」を頭に植え付ける**のです。そうすることで、次第に**英語の語順で理解できる頭の回路**ができてきます。

　英語は大事なことから先に述べ、徐々に細かい情報を付け足していく言語です。ただ、その語順を知識としてわかっているだけでは使えません。繰り返し音読することで英語の語順を身体に染み込ませましょう。**脳の中に英語を英語の語順のまま理解する回路ができれば、リスニングは格段に楽になります。**

　また、この回路ができてしまえば、英語の「返り読み」をしなくても読解できるようになり、「返り読み」の回数が減れば、その分速く読めるようになります。つまり、**TOEIC のリーディング パート7のような英文読解の速度も上がる**のです。

皆さんは、I is や I are などという間違いをしたことはありますか。ほとんどの人がそういった間違いをしたことはないはずです。

　もちろん、中学校の英語の授業では「I（私は）に対して be 動詞は am を続ける」と文法事項を学んだと思います。しかし、今ではその文法事項を意識しながら英文を口に出すことはないでしょう。

　文法を意識しなくても I am と間違えずに言えるのは、何回も I am と声に出したことがあるからではないでしょうか。もう、I am は確実に身体に刷り込まれている「フレーズ」なのです。

　音読をしていると、たとえ難しい文法を使った文でも、丸ごとフレーズのように身体に刷り込むことができます。

　例えば、I couldn't have done it without your cooperation.（あなたの協力なしではできませんでした。）という文。仮定法で、文法はとても難しい文ですが、TOEIC でも出てくる英文です。一度頭で文法を理解した後に何度も口に出して音読することで、文法を注意深く意識しなくても使えるようになります。一度 I couldn't have done it without your cooperation. を正しく身体に刷り込めば、仮に I couldn't has do it without your cooperation.（×）と**間違った文を口ずさんでも、確実に違和感を持ち、「この文は変だ」と気付く**はずです。

　つまり、**音読で刷り込んだ文法力は、TOEIC のリーディング パート5でも力を発揮する場合があります**。パート5の空所の穴埋め問題で迷った時、一度心の中で全ての選択肢を

当てはめて読んでみると、「これ、何となく口慣れしているな」とか「これ、どこかで読んだことがある」と、記憶がよみがえり、正解が出せる時があります。まさに**「身体が覚えている感覚」**ですよね。人はこれを「勘」と呼ぶかもしれませんが、私はいかにたくさん音読をしてきたかによって、この「勘」を養うことができると思っています。

音読トレーニングのメニュー

音読トレーニングの手順を説明します。

本書には、パート3が13セット39問、パート4が10セット30問、と本番のパート3、パート4と同じ量の問題が、同じ難易度で入っています。1セットごとに濃密な音読トレーニングを実施していただきます。

1日1セット25回を、下記の手順に従って、日付と音読実施回数を記録しながら、ひたむきに音読してください。着実にリスニング力が上がります。

問題演習

はじめに、問題演習をします。問題を解き、答え合わせをしっかりしましょう。

音読トレーニング

 STEP 1　自分のペースで音読しましょう

✓ スクリプトを見ながら音声を聞き、発音を丁寧に確認します。そして音をマネし、文の意味を意識しながら自分のペースで音読しましょう。　**5回**

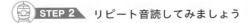

STEP 2　リピート音読してみましょう

✓ リピート音読用スクリプトには、意味の区切りごとにスラッシュが引いてあります。スラッシュごとに読みあげる音声 (リピート音声) の後に続いて、リピート音読しましょう。ここでは、前から順々に意味を理解することを強く意識します。　5回

✓ できるようになったら、何も見ずにリピート音読しましょう。　5回

STEP 3　オーバーラッピングしてみましょう

✓ 最初は通常の再生速度でオーバーラッピングしましょう。
　(オーバーラッピングとは、音声とピッタリ重ねて音読する方法です)
　5回

✓ 次に1.2倍速でオーバーラッピングしましょう。頑張って音声の速度についていってくださいね！　5回

　　速い速度の音声を聞き慣れること、そして速い音読を音声と一緒に行うことで、徐々にその速さに慣れていき、「それが普通」という感覚になります。
　　試しに倍速練習 (倍速練習とは音声のスピードを速くして聞いたりオーバーラッピングする練習です) をした後に、通常スピードで音声を聞いてみてください。不思議とゆっくりと聞こえると思います。それが「スピードに慣れた証拠」です！

　以前、「速い速度の音声に聞き慣れておくと、本番のTOEICテストの音声がゆっくりと聞こえるようになる」という話を

学生にしたら、「音声の速度を上げて聞くだけではなく、その速度で問題も解くようになりました」という強者が現れました。自分の限界地点を知りたくて、限りなく音声を速くして問題を解いていたら、1.7倍速でも問題が解けるようになったと話していました。その学生のリスニングスコアは1年で275点から425点になりましたが、リスニング満点を目指すために、倍速練習を続けると話していました。

　私自身もテスト当日には音声の速度を上げて聞き、朝から耳を慣らします。すると、試験会場で聞くパート1の音声が、スロー再生しているかのように遅く聞こえるのです。

　速いスピードで音声を聞く＆音読することで、「体内速度」が上がります。

　ジョギングでも、自分よりも速い人のペースについていき、そのペースに慣れれば、そのペースが「自分のペース」になるのと同じ。

　自然とその速度の速い音声が自分にとっての「普通の速度」になり、TOEICの音声がゆっくり聞こえるようになります。

🚂 STEP 4　復習編　単語チェック

✓ 知識の確認として、本編で出てきた単語が聞き取れるか、ディクテーションしてみましょう。（ディクテーションとは、音声を聞き、聞き取った英単語を紙に書き取る作業です）

🚂 STEP 5　応用編　単語チェック

✓ 本編で出てきた単語やその他の単語を含んだ文（本編とは異なる文です）を聞き取れるか、ディクテーションをしてみましょう。

これらのステップを通して各スクリプトをじっくり音読していきましょう。

音読回数は1セットにつき合計で　**25回**　。実施できたらチェックを入れましょう！

以上のトレーニングを毎日必ず行います。毎日実施することで、身体が英語のリズムを覚え、身体に単語とそのイメージが刷り込まれていきます。

さぁ、一緒にやっていきましょう！

仕上げのトレーニング

そして最後に「仕上げのトレーニング」があります。

ここでは更に負荷をかけ、以前学んだ内容をもう一度学習します。

難しいタスクではありますが、過去の学びがしっかり身に付いていれば、難なくできるはずです。

もう一度「思い出す」という作業をすることで、記憶の定着にもつながります。

果敢にチャレンジしてください！

STEP 1　音声を聞いて3つの問いに答えてみましょう

✓ 倍速で理解！

まずは1.5倍速の音声が流れます。そして、各問いに自分で回答できるかを確かめてみましょう。3・4回聞いても難しいようなら、通常の速度の音声を聞きましょう。

✓ 自分自身の言葉で日本語回答!

テキストに書かれた「完璧な回答」でなくても全く問題ありません。日本語で構わないので「こんな感じのことを言っていたかな?」ということを、まずは口に出してみましょう。3つの問いに対し、自分の言葉で説明しようとすることによって、自分がどのくらいその内容を理解できているかが確認できます。

自分で説明することは、選択肢を選ぶことよりもずっと難易度が高いです。しかし、これができれば「英語を聞く力・理解する力」が身に付いている証拠です!

✓ 日本語回答を英語に変換!

もし日本語で説明できるようなら、今度はそれを簡単な英語で答えてみましょう。本文で使われていた単語を並べるだけでもとてもいい練習になります。

STEP 2 ディクテーション&穴埋めリピートをしてみましょう

✓ 1.2倍速の音声を聞いて、適宜自分で音声を止めながら、別紙に空所を埋めるようにディクテーションしましょう。本書の空所は、そのまま空所にしておいてください。空所にあるカッコのついた数は、その空所に入る単語の数を示しています。3・4回聞いてもわからない場合は、通常の速度の音声でチャレンジしましょう。

✓ 次に、リピート音声の後に続いて空所を口頭で埋めながらリピートしましょう。文全体の意味を意識しながらリピ

ートしてくださいね。また、空所には複数の単語が入る場合もあります。その場合はフレーズや英語の"カタマリ"を意識しましょう。もし可能なら、「何も見ずにリピート」に挑戦してください。

「難しい！」と思うようであれば、全て埋まっているスクリプトを見直し、もう一度音読を繰り返してくださいね。

　穴埋めリピートは、負荷の高いトレーニングとして授業で実施しています。最初、（学んだ内容をすぐに穴埋めリピートなんてできません！　先生、鬼！）と思っていたという学生も「やってみると実際にできたので楽しかった！」と言っています。

　さぁ、覚悟はいいですか？　ぜひ粘り強く続けていきましょう！

◀ 音声を聴く方法 ▶

スマートフォンで聴く方法

AI 英語教材アプリ abceed

iOS・Android 対応

無料の Free プランで音声が聞けます

https://www.abceed.com/

※ご使用の際は、アプリをダウンロードしてください
※abceed 内には本書の有料アプリ版もあります
※使い方は、www.abceed.com でご確認ください

パソコンで聴く方法

本書の音声は、下記の朝日新聞出版 HP から
ダウンロードしてください。

https://publications.asahi.com/toeic/

Google などの検索エンジンで

朝日新聞出版　音読特急

と入力して検索してください。

第2章

パート3で
トレーニング

さぁ、楽しもう
魂を込めて
音読！

((1))

音声を聞き、問題を解きましょう。

32. Where is the conversation taking place?

(A) At a department store
(B) At a car repair shop
(C) At a medical clinic
(D) At a law office

33. What does the woman ask the man to do?

(A) Complete a form
(B) Sit in a waiting room
(C) Confirm an appointment
(D) Come back later

34. What does the man say he will do?

(A) Revise a schedule
(B) Call his workplace
(C) Cancel a meeting
(D) Get a document

Questions 32 through 34 refer to the following conversation.

Man: Hello, I'm James Torres. I'm sorry to be late. I was supposed to see Dr. Abbot at ten but had car trouble on my way here. Could I see her now?

Woman: Actually, someone just canceled their 11:30 appointment. But the doctor is with another patient now. So, while you wait, can you fill in this medical history form for us?

Man: Sure. I just need to step outside to make a quick call first. My manager is expecting me back at our office soon, so I'd better let her know that I won't be there until later.

問題32〜34は次の会話に関するものです。

男性：こんにちは、James Torres です。遅れてすみません。10時に Abbot 先生に診てもらう予定だったのですが、ここに来る途中で車のトラブルがありまして。今から診ていただけますか。

女性：実は、ちょうど11時半の予約をキャンセルした人がいたんです。でも、今、先生は他の患者さんと一緒にいます。そこで、お待ちの間に、この病歴表に記入していただけますか。

男性：はい。その前にちょっと外に出て電話をかけます。上司は私がもうすぐ会社に戻ってくると思っているので、遅くなることを伝えたほうがいいですね。

□ **be supposed to 〜**　〜することになっている
□ **on one's way**　（目的地への）途中で
□ **appointment**　予約
□ **patient**　患者
□ **while**　〜する間
□ **fill in 〜**　〜に記入する
□ **medical history form**　病歴書
□ **expect**　期待する
□ **had better 〜**　〜したほうがいい

32. 会話はどこで行われていますか。

  (A) デパート

  (B) 車の修理工場

  (C) 診療所

  (D) 法律事務所

正解 (C)

男性がI'm sorry to be late.（遅れてすみません。）と、遅れたことを謝罪し、また、I was supposed to see Dr. Abbot at ten but had car trouble on my way here.（10時にAbbot先生に診てもらう予定だったのですが、ここに来る途中で車のトラブルがありまして。）と、診察時間に遅れたことを説明しています。女性も the doctor is with another patient now.（今、先生は他の患者さんと一緒にいます。）と述べていることから、場所は(C)だと判断できます。

男性の発言にある on my way という表現を見てみましょう。「（目的地へ向かう）道の上にいる⇒～へ行く途中」というイメージを持って解釈するといいでしょう。I'm on my way. というフレーズは日常会話や映画のセリフで「今、すぐ行きます！」という意味でも多く使われています。

33. 女性は男性に何をするように求めていますか。

  (A) フォームに記入する

  (B) 待合室に座る

  (C) 予約の確認をする

  (D) あとで戻ってくる

正解 (A)

女性の発言に注目しましょう。while you wait, can you fill in this medical history form for us?（お待ちの間に、この

病歴表に記入していただけますか。）と男性に依頼していることから（A）が正解です。history はお馴染みの「歴史」という意味だけではなく、経歴や病歴など、過去に起こった出来事の記録も表します。

この問題は相手に依頼する時に使うフレーズである can you 〜? をしっかり聞き取ることで、余裕を持ってその後に続く内容を聞き取ることができます。また、fill in 〜（〜に記入する）は動詞 complete に言い換えられることが非常に多いため、セットで覚えておきましょう。

34. 男性は何をすると言っていますか。

(A) スケジュールを修正する

(B) 職場に電話する

(C) 打ち合わせをキャンセルする

(D) 書類を手に入れる

正解 (B)

男性の最後の発言に注目しましょう。I just need to step outside to make a quick call first.（その前にちょっと外に出て電話をかけます。）と女性に伝え、上司に遅れる旨を伝えると説明しています。上司に連絡をするということは職場に連絡をするということになるため、正解は (B) です。

「電話をかける」という表現を make a quick call と表現しています。「電話をかける」には make a phone call や call という表現もありますが、quick call とすることで、「ちょっとした用件を話すために電話をする」というニュアンスが出ていますね。

(◀ 3)

Man: Hello, I'm James Torres. // I'm sorry to be late. // I was supposed to see Dr. Abbot at ten / but had car trouble / on my way here. // **Could I** see her now?

Woman: Actually, / someone just canceled their 11:30 appointment. // But the doctor is with another patient now. // So, while you wait, / can you **fill in** this medical history form for us?

Man: Sure. // **I just need to step outside / to make a quick call first.** // My manager is expecting me back / at our office soon, / so I'd better let her know / that I won't be there until later.

男性：こんにちは、James Torres です。// 遅れてすみません。// 10
　　　時に Abbot 先生に診てもらう予定だったのです / しかし、車
　　　のトラブルがありまして / ここに来る途中で。//
　　　今から診て頂けますか。

女性：実は / ちょうど11時半の予約をキャンセルした人がいたん
　　　です。// でも、今、先生は他の患者さんと一緒にいます。//
　　　そこで、お待ちの間に / この病歴表に記入していただけます
　　　か。

男性：はい。// その前にちょっと外に出て / 電話をかけます。//
　　　上司は私が戻ってくると思っているので / もうすぐ会社に /
　　　なので、伝えたほうがいいですね / 遅くなることを。

　　　※直訳に近い内容にしているため、前ページのスクリプト訳とは若干表現が
　　　　異なります。

🗣 Could I ～？はクッド・アイではなくクダイのようにつな
　げて発音しましょう。また、同じように fill in（～に記入す
　る）も、filin（フィリン）のように発音します。

🗣 I just need to step outside to make a quick call first.
　の to 不定詞の部分は「外に出る理由」を付け足していま
　す。一旦、I just need to step outside とひとカタマリで
　読みきった後、理由を付け足す意識で不定詞を続けましょ
　う。

STEP 1 自分のペースで音読しましょう

通常速度
🔊 2

音声を聞き、発音を丁寧に確認します。そして音をマネし、理解をしっかりしながら自分のペースで音読しましょう。

5回

1	2	3	4	5	

STEP 2 リピート音読してみましょう

リピート音声
🔊 3

意味の区切りごとに、スクリプトを見ながら音声の後に続けてリピート音読しましょう。 5回

1	2	3	4	5	

できるようになったら、何も見ずにリピート音読しましょう。 5回

1	2	3	4	5	

STEP 3 オーバーラッピングしてみましょう

通常速度 1.2倍速
🔊 2 🔊 4

最初は通常の速度でオーバーラッピングしましょう。 5回

1	2	3	4	5	

次に、1.2倍速でオーバーラッピングしましょう。 5回

1	2	3	4	5	

計25回　達成 !!
日付　　　　／

本編で学んだ文がきちんと聞き取れるか、空所を埋めて確認しましょう。

1. I was _____ to see Dr. Abbot at ten.

2. Can you _____ _____ this medical history form for us?

3. My _____ is _____ me back at our office soon.

本編で出てきた単語やその他の単語を含んだ文を聞き取れるか、空所を埋めてチャレンジしてみましょう。

4. _____ you _____ _____ be on a business trip?

5. I met my coworker _____ _____ _____ _____.

6. _____ _____ talk with a _____ about the issue.

STEP 4

1. I was <u>supposed</u> to see Dr. Abbot at ten.

   10時に Abbot 先生に会う予定でした。

2. Can you <u>fill in</u> this medical history form for us?

   この病歴書に記入していただけますか。

3. My <u>manager</u> is <u>expecting</u> me back at our office soon.

   上司は私がもうすぐ事務所に戻ってくると思っています。

STEP 5

4. <u>Weren't</u> you <u>supposed</u> <u>to</u> be on a business trip?

   出張の予定ではなかったのですか。

5. I met my coworker <u>on</u> <u>my</u> <u>way</u> <u>home</u>.

   家に帰る途中に同僚に会いました。

6. <u>I'd</u> <u>better</u> talk with a <u>lawyer</u> about the issue.

   その件に関して弁護士と話したほうが良さそうです。

✖ expect

　動詞のexpectは「期待する」という意味で覚えている人も多いですが、例文3のように「(人) が来るものと予想する」という意味もあります。

✖ be supposed to ～

　〈be supposed to +動詞の原形〉の型で使われ、「～することになっている」という意味です。I was supposed to take a test. (私はテスト受けることになっていました。) のように、過去形でも使われます。過去形の場合は、「～するはずだったが、しなかった」というニュアンスが含まれ、予定していたことや期待していたことは起こらなかったという状況を表します。

✖ had better ～

　had better ～は「～したほうがいい」という意味の助動詞です。助動詞shouldも同じように提案やアドバイスをする時に用いられますが、had betterの場合は何か好ましくない状況を避けるために提案する場合に使われます。助動詞のため、後ろに動詞の原形を置くことを意識しましょう。

🔊 7

音声を聞き、問題を解きましょう。

35. What problem does the woman mention?

(A) A camera model is out of stock.

(B) A building has become very old.

(C) A package has not been delivered.

(D) A device does not work properly.

36. What does the man ask about?

(A) The hours of a shop

(B) The size of a business

(C) The display of a phone

(D) The quality of a product

37. What does the man say about the Montech 25-X?

(A) It is easy to use.

(B) It is sold in dark colors.

(C) It comes with a case.

(D) It has a rechargeable battery.

Questions 35 through 37 refer to the following conversation.

Woman: Excuse me, I'm looking for a replacement security camera for my shop. The one I'm using now is old and sometimes doesn't turn on.

Man: Well, we carry a variety of cameras. I can recommend a few, but first can you give me an idea of how big your shop is?

Woman: Oh, I guess it's about 150 square meters. And I'd like something that captures images at night when the lights are off.

Man: In that case, I recommend the Montech 25-X. It's affordable and user-friendly. It also sends video data straight to your computer or phone.

問題35〜37は次の会話に関するものです。

女性：すみません、自分のお店のために、防犯カメラの交換品を探しています。今使っているものは古くて、時々電源が入らなくなるんです。

男性：はい、当店ではさまざまな種類のカメラを取り扱っております。いくつかお勧めできますが、まず、お店の規模を教えていただけますか。

女性：ああ、たぶん、150平米くらいですかね。それと、夜、電気を消した時でも撮影できるものがいいですね。

男性：それなら Montech 25-X がお勧めです。値段も手頃で使い勝手もいいですよ。また、映像データをそのままパソコンやスマホに送ることができます。

- □ **replacement**　交換品
- □ **turn on**　（スイッチを）オンにする
- □ **carry**　取り扱う
- □ **a variety of 〜**　さまざまな〜
- □ **capture**　（写真などに）記録する
- □ **recommend**　勧める
- □ **affordable**　手頃な
- □ **user-friendly**　使いやすい
- □ **straight**　直接に

35. 女性はどんな問題について述べていますか。

(A) あるカメラの型が在庫切れになっている。

(B) 建物がとても古くなってしまった。

(C) 荷物が届いていない。

(D) 機器が正常に動作しない。

正解 (D)

　最初の女性の発言で、The one I'm using now is old and sometimes doesn't turn on. (今使っているものは古くて、時々電源が入らなくなるんです。) と説明しています。ここでの The one は前に出てきた security camera (防犯カメラ) を指しています。つまり、防犯カメラが正常に動かないと言っているため正解は (D) です。

　security camera (防犯カメラ) を device (機器) と言い換えているように、TOEIC では本文で出てくる単語が上位語によく言い換えられます。例えば computer (コンピューター) が equipment (機器)、telephone number (電話番号) が contact information (連絡先) などと言い換えられます。

36. 男性は何について尋ねていますか。

(A) 店の営業時間

(B) 企業の規模

(C) 電話機のディスプレイ

(D) 製品の品質

正解 (B)

　設問の主語が男性なので、男性の発言からヒントが得られるとわかる問題です。男性が女性に何か尋ねる場面が必ずあるので、それをしっかり聞き取りましょう。

　男性は、can you give me an idea of how big your shop

is?（お店の規模を教えていただけますか。）と尋ねています。この how big ～は「～はどのくらいの大きさか」と尋ねる表現です。後ろには your shop is のように〈主語＋動詞〉と続き、ここではお店の大きさを聞いています。選択肢（B）にある business とは「企業」という意味で、ここでは女性の会社の建物に当たります。よって正解は（B）です。

can you give me an idea of ～? というフレーズは直訳すると「～のアイデアを私にいただけますか」という意味で、何かの情報について尋ねる時に使えるフレーズです。丸ごと覚えておきましょう。

37. 男性は Montech 25-X について何と言っていますか。

(A) 使いやすい。

(B) ダークカラー色で売られている。

(C) ケースが付いている。

(D) 充電池が付いている。

正解 (A)

男性が I recommend the Montech 25-X. (Montech 25-X がお勧めです。) と述べています。設問で問われている Montech 25-X が聞こえた瞬間に、グッと意識を集中させましょう。すると続けて It's affordable and user-friendly. (値段も手頃で使い勝手もいいですよ。) と Montech 25-X の特徴について述べられています。この user-friendly は「ユーザーにとってフレンドリー（優しい）⇨ ユーザーにとって使いやすい」という意味になり、(A) が正解です。

-friendly という表現は多くあります。例えば、eco-friendly や、environment-friendly、そして enviromentally friendly は「環境に優しい」という意味です。また、customer-friendly は「お客にとって優しい（便利な）」という意味で TOEIC にもよく出てきます。

(◀9)

Woman: Excuse me, / **I'm looking for** a replacement security camera / for my shop. //
The one I'm using now is old / and sometimes doesn't **turn on**.

Man: Well, / we carry **a variety of** cameras. // I can recommend a few, / but first can you give me an idea / of how big your shop is?

Woman: Oh, I guess / it's about 150 square meters. //
And I'd like something / that captures images at night / when the lights are off.

Man: In that case, / I recommend the Montech 25-X. //
It's affordable / and user-friendly. // It also **sends** video data / straight **to** your computer or phone.

女性：すみません、/ 防犯カメラの交換品を探しています / 自分の
　　　お店のために。//
　　　今使っているものは古くて / 時々電源が入らなくなるんです。

男性：はい、/ 当店ではさまざまな種類のカメラを取り扱っておりま
　　　す。// いくつかお勧めできますが、/ まず、教えていただけま
　　　すか / お店がどのくらいの大きさかを。

女性：ああ、たぶん / 150平米くらいですかね。//
　　　それと、こういうものが欲しいです / 夜、映像を撮影できる
　　　ような / 電気を消した時でも。

男性：それなら / Montech 25-X がお勧めです。//
　　　値段も手頃で / 使い勝手もいいですよ。// また、映像データ
　　　を送ることができます / そのままパソコンやスマホに。

※直訳に近い内容にしているため、前ページのスクリプト訳とは若干表現が
異なります。

👤 女性の1つ目のセリフで I'm looking for 〜 とあります。
looking の g は発音せず、ルッキンフォーと発音しましょ
う。また、sometimes doesn't turn on の turn on はター
ノンのようにつなげて発音します。

👤 男性の1つ目のセリフで a variety of cameras とあります
が、a や of は小さく短く発音し、a variety of は一息で言
い切ります。of はオブと言わず、アヴと発音し、ヴの部分
は口を閉じる時に聞こえるくらいの小さな音になります。

👤 最後の男性のセリフに It also sends video data straight
to 〜 . とあります。ここでは send と to はセットで使われ、
「send A to B：A を B に送る」という意味です。send を
言い終わった後に、to が出てくることをしっかり意識し
ましょう。

STEP 1 自分のペースで音読しましょう

通常速度 🔊 8

音声を聞き、発音を丁寧に確認します。そして音をマネし、理解をしっかりしながら自分のペースで音読しましょう。

5回

1	2	3	4	5	

STEP 2 リピート音読してみましょう

リピート音声 🔊 9

意味の区切りごとに、スクリプトを見ながら音声の後に続けてリピート音読しましょう。 5回

1	2	3	4	5	

できるようになったら、何も見ずにリピート音読しましょう。 5回

1	2	3	4	5	

STEP 3 オーバーラッピングしてみましょう

通常速度 1.2倍速 🔊 8 🔊 10

最初は通常の速度でオーバーラッピングしましょう。 5回

1	2	3	4	5	

次に、1.2倍速でオーバーラッピングしましょう。 5回

1	2	3	4	5	

計25回　達成 !!
日付　　　　／

🚃 **STEP 4** 復習編　単語チェック　(🔊11)

本編で学んだ単語が聞き取れるか、空所を埋めてチャレンジしてみましょう。

1. I'm _____ _____ a _____ security camera for my shop.

2. Can you _____ _____ an _____ of how big your shop is?

3. It's _____ and _____.

🚃 **STEP 5** 応用編　単語チェック　(🔊12)

本編で出てきた単語やその他の単語を含んだ文を聞き取れるか、空所を埋めてチャレンジしてみましょう。

4. We will _____ a _____ if the _____ doesn't work properly.

5. Could you _____ _____ all the lights when you get to the office?

6. That _____ store offers _____ _____ _____ vegetables at _____ prices.

STEP 4

1. I'm looking for a replacement security camera for my shop.
   自分のお店のために、防犯カメラの交換品を探しています。
2. Can you give me an idea of how big your shop is?
   お店の規模を教えていただけますか。
3. It's affordable and user-friendly.
   値段も手頃で使い勝手もいいですよ。

STEP 5

4. We will provide a replacement if the product doesn't work properly.
   商品が正常に動作しない場合は、交換品を提供致します。
5. Could you turn on all the lights when you get to the office?
   オフィスに着いたら、全ての照明をつけてもらえますか。
6. That grocery store offers a variety of vegetables at affordable prices.
   その食料品店は、さまざまな種類の野菜を手頃な価格で提供しています。

❎ a variety of ～

　a variety of ～は「さまざまな～」という意味です。a wide variety of ～のようにwideをつけた形でも使われます。日本語でも「バラエティーに富む」という表現があるので、意味もイメージしやすいですね。また、似た表現でa wide range of ～（さまざまな～）もよく使われます。

❎ at affordable prices

　ここでは前置詞atに注目してみましょう。このatは「点」を表します。例えばat five o'clock（5時に）も、5時という「点」を指し示していますね。本文でat affordable prices（手頃な価格で）と表現しているように、他にもat the lowest price（最も低価格で）やat half price（半額で）のように値段を表現する時に使うことができます。さまざまな価格帯の中にある1点を指しているイメージです。

🔊13

音声を聞き、問題を解きましょう。

38. Why did the woman call the man?

(A) To discuss an insurance policy

(B) To make travel plans

(C) To register for a conference

(D) To hire an interpreter

39. What does the man say about some staff members?

(A) They are attending a conference.

(B) They are traveling in Italy.

(C) They are unavailable.

(D) They are punctual.

40. What does the man offer to do?

(A) Ask a friend to contact the woman

(B) Rearrange an afternoon schedule

(C) Translate a document by tomorrow

(D) Provide a consultation for free

◀14

Questions 38 through 40 refer to the following conversation.

Woman: Hello, this is Kim Williams calling from Wolcott Insurance. We're holding a teleconference tomorrow afternoon with a potential client in Italy. Can you send someone who speaks Italian to help us out?

Man: Thank you for calling, but I don't think we have anyone available. Let me double-check our schedule, though. Hmm… Sorry, all our Italian speakers are booked.

Woman: That's too bad. And there aren't any other businesses like yours in town, are there?

Man: I don't think so. However, a friend of mine is a freelance interpreter who speaks Italian. If you give me your number, I'll ask her to get in touch with you.

問題38〜40は次の会話に関するものです。

女性：こんにちは、Wolcott 保険の Kim Williams と申します。明日の午後、イタリアの見込み客と電話会議を行います。イタリア語を話せて、手助けをしてくれる人を派遣してもらえますか。

男性：お電話ありがとうございます。しかし、私どもには対応できる人がいないと思います。でも、スケジュールを再確認させてください。うーん…。申し訳ありませんが、イタリア語を話す人は全て予約されてしまっています。

女性：それは残念です。だけど、あなたのようなビジネスは、この町には他にないですよね。

男性：ないと思います。でも、私の友人にイタリア語を話せるフリーランスの通訳者がいます。電話番号を教えていただければ、彼女に頼んでお客様に連絡を取るように致します。

□ **hold** （会議などを）開く
□ **potential** 潜在的な（potential clients で「これから顧客になる見込みのある人」の意味）
□ **available** 都合がつく
□ **double-check** 再確認する
□ **interpreter** 通訳者
□ **get in touch with** 〜　〜と連絡を取る

38. なぜ女性は男性に電話をかけましたか。

(A) 保険の相談をするため

(B) 旅行の計画を立てるため

(C) 会議に参加登録するため

(D) 通訳者を雇うため

正解 (D)

女性が男性にイタリアの見込み客との電話会議を実施する旨を説明した上で、Can you send someone who speaks Italian to help us out? (イタリア語を話せて、手助けをしてくれる人を派遣してもらえますか。) とお願いしています。つまり電話会議のためにイタリア語の通訳ができる人を雇うことが、電話をかけた目的だと判断できるため、正解は(D)です。

ここで使われている動詞sendは「(人を)派遣する」という意味があります。TOEICの世界ではモノがよく壊れるので、I'll send someone to fix it. (それを直すために誰か派遣します。) のようなフレーズもよく出てきます。

39. 男性はスタッフについて何と言っていますか。

(A) 会議に出席している。

(B) イタリアに旅行中である。

(C) 都合がつかない。

(D) 時間を守る。

正解 (C)

イタリア語の通訳の派遣をお願いされた男性はI don't think we have anyone available. (私どもには対応できる人がいないと思います。) と発言しています。ここでいう「対応できる人」というのはイタリア語が話せる通訳スタッフのことを意味して

います。よって、正解は (C) です。

　形容詞 available の意味は多岐にわたります。ここでは「対応できる」という意味です。anyone のように「人」を修飾する時は「手が空いている、対応できる、都合がつく」のような意味で使います。また、「モノ」を修飾する時は「利用できる、在庫がある」のような意味になります。人でもモノでも「（利用可能、対応可能なように）スタンバイできた状態だ」という共通イメージを持っておきましょう。

40. 男性は何をすることを申し出ていますか。

　　(A) 友人に頼んで、女性に連絡してもらう

　　(B) 午後の予定を再調整する

　　(C) 明日までに文書を翻訳する

　　(D) 無料でコンサルティングを提供する

正解 (A)

　設問の offer to do の意味は「～することを申し出る」という意味です。つまり、「（あなたのために）～しますよ・～してあげられますよ」というように、相手のために手助けをすることを申し出るような内容が答えとなります。

　ここでは最後の男性の発言に注目しましょう。If you give me your number, I'll ask her to get in touch with you. （電話番号を教えていただければ、彼女に頼んでお客様に連絡を取るように致します。）と伝えているため (A) が正解です。本文の get in touch with ～（～に連絡を取る）という表現が、選択肢では contact という単語に言い換えられている点に注意しましょう。

🔊 15

Woman: Hello, this is Kim Williams / calling from Wolcott Insurance. //
We're holding a teleconference tomorrow afternoon / with a potential client in Italy. //
Can you send someone / who speaks Italian / to **help us out**?

Man: Thank you for calling, / but I don't think we have anyone available. //
Let me double-check our schedule, though. // Hmm… // Sorry, / all our Italian speakers are booked.

Woman: That's too bad. // And there aren't any other businesses / like yours / in town, are there?

Man: I don't think so. // However, / **a friend of mine** is a freelance interpreter / who speaks Italian. //
If you give me your number, / **I'll ask her** / **to get in touch with you**.

女性：こんにちは、Kim Williams と申します / Wolcott 保険の。 //
明日の午後、電話会議を行います / イタリアの見込み客と。 //
誰か派遣してもらえますか / イタリア語が話せて / 私たちを
手助けしてくれる。

男性：お電話ありがとうございます / しかし、私どもには対応でき
る人がいないと思います。 //
でも、スケジュールを再確認させてください。 // うーん…。 //
申し訳ありませんが、 / イタリア語を話す人は全て予約され
てしまっています。

女性：それは残念です。 // だけど、他にないですよね / あなたのよ
うなビジネスは / この町には。

男性：ないと思います。 // でも、 / 私の友人はフリーランスの通訳
者です / イタリア語を話せる。 //
電話番号を教えていただければ / 彼女に頼みます / お客様に
連絡を取るよう。

※直訳に近い内容にしているため、前ページのスクリプト訳とは若干表現が
異なります。

女性の1つ目のセリフに help us out とあります。3つの
単語をつなげ、ヘォパスアゥt のように発音しましょう。

男性の2つ目のセリフの a friend of mine はァフレンドブ
マインのように一息で読みましょう。I'll ask her to get
in touch with you. の ask her の部分は、her の h の音
は脱落してアスカーのようになります。また、get in
touch with you は、ゲディンタッチ・ウィズューのよう
な発音になります。

STEP 1 自分のペースで音読しましょう

通常速度
◀14

音声を聞き、発音を丁寧に確認します。そして音をマネし、理解をしっかりしながら自分のペースで音読しましょう。

5回

1		2		3		4		5	

STEP 2 リピート音読してみましょう

リピート音声
◀15

意味の区切りごとに、スクリプトを見ながら音声の後に続けてリピート音読しましょう。 5回

1		2		3		4		5	

できるようになったら、何も見ずにリピート音読しましょう。 5回

1		2		3		4		5	

STEP 3 オーバーラッピングしてみましょう

通常速度 1.2倍速
◀14 ◀16

最初は通常の速度でオーバーラッピングしましょう。 5回

1		2		3		4		5	

次に、1.2倍速でオーバーラッピングしましょう。 5回

1		2		3		4		5	

計25回　達成 !!
日付　　　　／

本編で学んだ単語が聞き取れるか、空所を埋めてチャレンジしてみましょう。

1. We're _____ a teleconference tomorrow afternoon with a _____ _____ in Italy.

2. I don't think we have anyone _____.

3. I'll _____ her to _____ _____ _____ with you.

本編で出てきた単語やその他の単語を含んだ文を聞き取れるか、空所を埋めてチャレンジしてみましょう。

4. Please _____ that the _____ is ready for tomorrow's _____.

5. I'm _____ that all our rooms are _____ for the next two weeks.

6. We need to _____ a way to _____ more _____ _____.

STEP 4

1. We're <u>holding</u> a teleconference tomorrow afternoon with a <u>potential client</u> in Italy.
   明日の午後、イタリアの見込み客と電話会議を行います。

2. I don't think we have anyone <u>available</u>.
   私どもには対応できる人がいないと思います。

3. I'll <u>ask</u> her to <u>get in touch</u> with you.
   彼女に頼んでお客様に連絡を取るように致します。

STEP 5

4. Please <u>double-check</u> that the <u>equipment</u> is ready for tomorrow's <u>teleconference</u>.
   明日の電話会議のために、機器の準備ができているかどうか再確認してください。

5. I'm <u>afraid</u> that all our rooms are <u>booked</u> for the next two weeks.
   申し訳ありませんが、2週間先まで全ての部屋が予約されています。

6. We need to <u>find</u> a way to <u>reach</u> more <u>potential clients</u>.
   もっと多くの潜在顧客を獲得する方法を見つけなければなりません。

✖ ask

askの使い方に着目しましょう。例文3では〈ask + 人 + to do〉で「人に〜することを頼む」という意味です。askはこの型で使われることが非常に多いため、askと聞いた瞬間に、この型を思い出せるとスムーズに内容を理解することができます。

✖ I'm afraid 〜

I'm afraid 〜は「残念ながら/申し訳ありませんが〜です」という意味です。例文5のように後ろにthat節を置き、相手にとって好ましくない事情を説明する時に使います。会話でこの表現が出てきたら、「ネガティブな内容が続くだろう」ということを瞬時に予測しましょう。

✖ potential clients

potential clientsは「見込み客」を意味し、「まだお客ではないけれど、これからお客になる見込みがある人」を表します。また、potential candidatesも、「有力候補」を意味し、「選ばれる見込みのある候補者」を表します。

🔊19

音声を聞き、問題を解きましょう。

41. What industry does the woman work in?

(A) Transport
(B) Advertising
(C) Retail
(D) Tourism

42. What does the man want to do?

(A) Make a reservation
(B) Read a guidebook
(C) Call back later
(D) Mail a list of names

43. What does the woman advise the man to do?

(A) Call the center in the morning
(B) Reserve a parking spot
(C) Pay for a tour in advance
(D) Arrive early at a meeting point

🔊20

Questions 41 through 43 refer to the following conversation.

Woman: Good morning. This is the Washington Visitors Center. How can I help you?

Man: Hi, I work for Horizons Travel in Philadelphia. We're bringing a group to Washington by bus on October 3, and I'm calling to see if you offer private tours in the afternoon.

Woman: We do, sir. However, reservations are required so we can arrange a guide beforehand. Would you like to make a reservation now?

Man: All right. My name is Mathew Wade, and there'll be thirty-two of us altogether.

Woman: OK, we'll schedule you for 2:00 P.M. The guide will meet you here at the visitors center. Oh, and please remember that traffic into our parking lot is usually slow, so you should try to arrive here well in advance.

問題41〜43は次の会話に関するものです。

女性：おはようございます。こちらはWashington Visitors Center
　　　です。どのようなご用件でしょうか。

男性：こんにちは、PhiladelphiaのHorizons Travelで働いてい
　　　ます。10月3日にバスでWashingtonにグループを連れて
　　　行くのですが、午後にプライベートツアーをやっているかど
　　　うかを確認するために電話しました。

女性：はい、ありますよ。ただし、事前にガイドを手配するため、
　　　予約が必要です。今、ご予約をお取りになりますか。

男性：わかりました。私の名前はMathew Wadeで、全部で32人
　　　の参加者がいます。

女性：わかりました、では午後2時に予定を入れますね。ガイドは
　　　このビジターセンターでお会いします。あと、駐車場まで道
　　　はたいてい混雑するので、時間に余裕をもってお越しくださ
　　　い。

□ **see if 〜**　〜かどうか確認する
□ **offer**　提供する
□ **reservation**　予約
□ **require**　必要とする
□ **arrange**　手配する
□ **beforehand**　事前に
□ **schedule**　予定に入れる
□ **traffic**　交通
□ **parking lot**　駐車場
□ **well in advance**　余裕をもって

41. 女性はどの業界で働いていますか。

(A) 交通機関

(B) 広告

(C) 小売業

(D) 観光業

正解 (D)

女性は This is the Washington Visitors Center.（こちらは Washington Visitors Center です。）と述べています。This is 〜 . という表現は電話でのやり取りの時に使う表現です。この発言から、女性は Visitors Center（観光案内所）に勤めているとわかります。観光案内所の仕事は Tourism（観光業）に含まれるため、正解は (D) です。

一方、男性は旅行会社に勤めており、男性も観光業にたずさわっていることがわかりますね。旅行会社に勤める男性が、Washington にグループを連れていくため、Visitors Center に相談している状況です。

42. 男性は何をしたいと思っていますか。

(A) 予約をする

(B) ガイドブックを読む

(C) あとで電話をかける

(D) 名前のリストを郵送する

正解 (A)

女性が Would you like to make a reservation now?（今、ご予約をお取りになりますか。）と男性に予約を促し、それに対し、男性は All right. My name is Mathew Wade, and there'll be thirty-two of us altogether. (わかりました。私の名前は Mathew Wade で、全部で32人の参加者がいます。) と答えている ため正解は (A) だと判断できます。

Would you like to 〜？は直訳すると「〜したいですか」と いう意味です。しかし、「〜するのはいかがですか」のように 相手に提案する表現として使うことができます。例えば、 Would you like to have lunch with me? (私と昼食を取るの はいかがですか。) のように使うことができます。

43. 女性は男性に何をするようにアドバイスしていますか。

    (A) 朝、センターに電話をかける

    (B) 駐車場を予約する

    (C) ツアーの料金を前払いする

    (D) 集合場所に早く到着する

正解 (D)

    女性のセリフにヒントがあります。女性は、集合場所とな る駐車場までの道が混雑することを踏まえ、you should try to arrive here well in advance. (時間に余裕をもってお越しくだ さい。) と伝えています。よって、(D) が正解です。

    この you should 〜という表現は、「〜したほうがいいです よ」と相手に提案する時に使う表現です。you should と聞こ えた時点で集中力を高め、女性からのアドバイスをしっかり 聞き取ることがポイントです。また、well in advance や in advance は「余裕を持って・前もって」という表現で、よく日 常会話でも使われます。

🔊 21

Woman: Good morning. // This is the Washington Visitors Center. // **How can I help you?**

Man: Hi, I work for Horizons Travel / in Philadelphia. // We're bringing a group to Washington / by bus on October 3, / and I'm calling / to see if you offer private tours in the afternoon.

Woman: We do, sir. // However, / reservations are required / so we can arrange a guide beforehand. // **Would you like to** make a reservation now?

Man: All right. // My name is Mathew Wade, / and there'll be thirty-two of us altogether.

Woman: OK, we'll schedule you for 2:00 P.M. // The guide will meet you here at the visitors center. // Oh, and please remember / that traffic into our parking lot is usually slow, / so **you should try** to arrive here / well in advance.

女性：おはようございます。// こちらは Washington Visitors
　　　Center です。// どのようなご用件でしょうか。

男性：こんにちは、Horizons Travel で働いています / Philadel-
　　　phia の。// 私たちはグループを Washington に連れて行く
　　　のですが / 10月3日にバスで / 電話しています / 午後にプラ
　　　イベートツアーをやっているかどうかを確認するために。

女性：はい、ありますよ。// ただし、/ 予約が必要です /
　　　事前にガイドを手配することができるように。// 今、ご予約
　　　をお取りになりますか。

男性：わかりました。// 私の名前は Mathew Wade で、/ 全部で32
　　　人の参加者がいます。

女性：わかりました、では午後2時に予定を入れますね。//
　　　ガイドはこのビジターセンターでお会いします。//
　　　あと、ご注意ください / 駐車場まで道はたいてい混雑してい
　　　ます / そのためここにお越しください / 時間に余裕をもって。

※直訳に近い内容にしているため、前ページのスクリプト訳とは若干表現が
　異なります。

👤 女性の1つ目のセリフに How can I help you? とありま
すが、can I はキャナイ、help you はヘゥプューのよう
につなげます。help の l はハッキリ発音するのではなく、
暗いオに近い音になります。

👤 女性の2つ目のセリフの Would you like to ～? を見てみ
ましょう。Would you は Wuju（ウッジュー）とつなげま
す。最初が W の発音なので、少し唇を突き出し、シンプ
ルなウの発音ではなく、ウォに近い音で発音します。

👤 女性の3つ目のセリフで you should try ～とあります が
should は d の音が脱落するため、シュッと留めます。つ
まり、should try の部分はシュッ・トライと発音しましょう。

STEP 1 自分のペースで音読しましょう

通常速度
🔊20

　音声を聞き、発音を丁寧に確認します。そして音をマネし、理解をしっかりしながら自分のペースで音読しましょう。

5回

1	2	3	4	5

STEP 2 リピート音読してみましょう

リピート音声
🔊21

　意味の区切りごとに、スクリプトを見ながら音声の後に続けてリピート音読しましょう。　**5回**

1	2	3	4	5

　できるようになったら、何も見ずにリピート音読しましょう。　**5回**

1	2	3	4	5

STEP 3 オーバーラッピングしてみましょう

通常速度　1.2倍速
🔊20　🔊22

最初は通常の速度でオーバーラッピングしましょう。　**5回**

1	2	3	4	5

次に、1.2倍速でオーバーラッピングしましょう。　**5回**

1	2	3	4	5

計25回　達成 !!
日付　　　　／

本編で学んだ単語が聞き取れるか、空所を埋めてチャレンジしてみましょう。

1. I'm calling to ＿＿＿＿ ＿＿＿＿ you offer private tours in the afternoon.

2. ＿＿＿＿ are ＿＿＿＿ so we can ＿＿＿＿ a guide ＿＿＿＿.

3. You should try to ＿＿＿＿ here ＿＿＿＿ ＿＿＿＿ ＿＿＿＿.

本編で出てきた単語やその他の単語を含んだ文を聞き取れるか、空所を埋めてチャレンジしてみましょう。

4. We need to ＿＿＿＿ ＿＿＿＿ the restaurant ＿＿＿＿ vegetarian meals.

5. You ＿＿＿＿ ＿＿＿＿ ＿＿＿＿ ＿＿＿＿ a meeting with a consultant ＿＿＿＿ to your visit.

6. Because our ＿＿＿＿ ＿＿＿＿ ＿＿＿＿ ＿＿＿＿ quickly, you ＿＿＿＿ ＿＿＿＿ take the train.

STEP 4

1. I'm calling to <u>see</u> <u>if</u> you offer private tours in the afternoon.
   午後にプライベートツアーをやっているかどうかを確認するために電話しました。

2. <u>Reservations</u> are <u>required</u> so we can <u>arrange</u> a guide <u>beforehand</u>.
   事前にガイドを手配するため、予約が必要です。

3. You should try to <u>arrive</u> here <u>well</u> <u>in</u> <u>advance</u>.
   時間に余裕をもってお越しください。

STEP 5

4. We need to <u>see</u> <u>if</u> the restaurant <u>offers</u> vegetarian meals.
   そのレストランがベジタリアン向けの食事を提供しているかどうかを確認する必要があります。

5. You <u>are</u> <u>required</u> <u>to</u> <u>schedule</u> a meeting with a consultant <u>prior</u> to your visit.
   訪問いただく前にコンサルタントとの打ち合わせの予定を組む必要があります。

6. Because our <u>parking</u> <u>lot</u> <u>fills</u> <u>up</u> quickly, you <u>had</u> <u>better</u> take the train.
   駐車場がすぐに埋まってしまうので、電車で来たほうがいいですよ。

✖ see if ～

see if ～は「～かどうか確かめる」という意味です。接続詞ifが「～かどうか」という意味で、後ろに〈主語＋動詞〉が続きます。see ifをしっかり聞き取り、次に流れてくる〈主語＋動詞〉を待ち伏せできることがポイントです。ここでの動詞seeは「確かめる」の意味になります。

✖ be required

動詞requireは「～を必要とする」という意味です。この動詞は、be required（～が必要とされる）やbe required to do（～することを必要とされる）のように受動態で使われることが多いため、この使い方をマスターしておきましょう。

✖ prior to ～

prior to ～はbeforeと同義語で「～の前に」という意味です。prior to the meeting（ミーティングの前に）や、または、prior to entering the building（建物に入る前に）のように動名詞を後ろに置いて使うこともできます。

🔊25

音声を聞き、問題を解きましょう。

44. What does the woman ask about?

(A) Reviewing sales figures
(B) Postponing a meeting
(C) Replacing some signs
(D) Promoting an exhibition

45. Why will the woman go to Phoenix?

(A) To deal with some complaints
(B) To help set up a new branch
(C) To finalize a company merger
(D) To inspect a manufacturing plant

46. What will the man probably do next?

(A) Change the design of a Web site
(B) Get ready for a meeting
(C) Inform his colleagues of a cancellation
(D) Display some new merchandise in a store

◀26

Questions 44 through 46 refer to the following conversation.

Woman: David, it looks like we won't be able to meet tomorrow to discuss the latest furniture designs with your design team. Can we put that off till next Monday?

Man: No problem, but is everything OK? You said your schedule would be fairly open this week.

Woman: That changed a minute ago. The director wants me to help prepare for our grand opening in Phoenix.

Man: Ah, I heard we're about to open a new branch there.

Woman: Yeah, well, the local staff is behind schedule. They need help organizing the store's layout and products, so I'm flying out there tomorrow morning.

Man: I see. All right—I'll let everyone know tomorrow's meeting is canceled.

問題44～46は次の会話に関するものです。

女性：David、明日はあなたのデザインチームと最新の家具のデザインについて話し合うために、会うことができなさそうなんです。来週の月曜日まで延期してもらえる？

男性：いいよ、でも大丈夫なの？　今週はかなりスケジュールが空いていると言っていたよね。

女性：それが数分前に変わったの。部長が、Phoenix でのグランドオープンの準備を手伝ってほしいと言っているのよ。

男性：ああ、そこに新しい支店を作るんだってね。

女性：ええ。現地のスタッフが予定より遅れているの。店内のレイアウトや商品の整理を手伝ってほしいとのことなので、明日の朝、現地に行くのよ。

男性：わかったよ。では、明日の会議は中止ということで、みんなに伝えておくよ。

□ **look like ～**　～のように見える
□ **the latest**　最新の
□ **put off**　延期する
□ **fairly**　かなり
□ **branch**　支店
□ **behind schedule**　予定より遅れて
□ **organize**　整頓する・まとめる・企画する
□ **product**　製品

44. 女性は何について尋ねていますか。

    (A) 売上の数字を見直すこと

    (B) 会議を延期すること

    (C) 看板を差し替えること

    (D) 展示会の宣伝をすること

正解 (B)

  女性の発言に注目しましょう。女性が男性に、Can we put that off till next Monday?（来週の月曜日まで延期してもらえる？）と、会議を延期できるかどうか尋ねています。よって(B)が正解です。本文では put off（延期する）という表現になっていますが、選択肢では postpone という単語に言い変えられています。

  put off は put（置く）と off（離して）という2つの単語で「延期する」という表現になっているため、「日付を（遠くに）離して置く⇨日付を延期する」というイメージを持っておくと意味も覚えやすいですね。

45. なぜ女性は Phoenix に行くのですか。

    (A) 苦情を処理するため

    (B) 新しい支店の立ち上げを手伝うため

    (C) 会社合併の最終決定をするため

    (D) 製造工場を視察するため

正解 (B)

  女性が The director wants me to help prepare for our grand opening in Phoenix.（部長が、Phoenix でのグランドオープンの準備を手伝ってほしいと言っているのよ。）と発言しています。grand opening は「店や施設などのオープン」を意味し

ます。その grand opening の手伝いをするためだと述べているので、正解は (B) です。

この女性の発言で用いられている動詞 help を見てみましょう。ここでは、〈help + do：〜するのを手伝う〉という型を用いて、<u>help prepare</u> for 〜で「〜を準備することを手伝う」という意味になっています。また、help は〈help + 人 + (to) do：人が〜するのを手伝う〉や、〈help 人 with 〜：人の〜を手伝う〉のように使うこともできます。

46. 男性はおそらく次に何をしますか。

 (A) ウェブサイトのデザインを変更する

 (B) 会議の準備をする

 (C) 同僚にキャンセルの連絡をする

 (D) お店で新しい商品を陳列する

正解 (C)

男性の最後の発言に着目しましょう。I'll let everyone know tomorrow's meeting is canceled. (では、明日の会議は中止ということで、みんなに伝えておくよ。) と女性に述べているため、会議に出席する予定だった同僚に、キャンセルの旨を連絡すると予測できます。よって正解は (C) です。

〈let + 人 + know〉の型は頻出です。例えば、Please let me know. (私に知らせてください。) や、I'll let you know. (あなたにお伝えします。) はパート 3 で頻出フレーズです。Please let me know when you are available. (いつ都合がいいかをお知らせください。) のような文になることも多々あります。

Woman: David, it looks like we won't be able to meet tomorrow / to discuss the latest furniture designs / with your design team. //
Can we **put that off** till next Monday?

Man: No problem, / but is everything OK? // You said / your schedule would be fairly open this week.

Woman: That changed a **minute ago**. // The director wants me to help / prepare for our grand opening / in Phoenix.

Man: Ah, I heard / **we're about to** open a new branch there.

Woman: Yeah, well, / the local staff is behind schedule. // They need help / organizing the store's layout and products, / so I'm **flying out** there / tomorrow morning.

Man: I see. // All right—I'll let everyone know / tomorrow's meeting is canceled.

女性：David、明日、会うことができなさそうなんです / 最新の家具のデザインについて話し合うために / あなたのデザインチームと。 // 来週の月曜日まで延期してもらえる？

男性：いいよ、 / でも大丈夫なの？ //
言ってたよね / 今週はかなりスケジュールが空いていると。

女性：それが数分前に変わったのよ。 //
部長が、私に手伝ってほしいと言っているのよ / グランドオープンの準備をするのを / Phoenix での。

男性：ああ、聞いたよ / そこに新しい支店を作るんだってね。

女性：ええ。 / 現地のスタッフが予定より遅れているの。 //
彼らが手伝いが必要で / 店内のレイアウトや商品の整理をするのに / だから、現地に行くのよ / 明日の朝。

男性：わかったよ。 // では、みんなに伝えておくよ / 明日の会議は中止ということを。

※直訳に近い内容にしているため、前ページのスクリプト訳とは若干表現が異なります。

女性の1つ目のセリフの put that off。put の t の音は脱落します。that の t は off とつながり、t は母音に挟まれると d の音に近くなるため、プッザッドフのような音になります。

minute ago は、ミニッタゴーのようにつなげて発音しましょう。

男性の2つ目のセリフの we're about to〜を見てみましょう。about の t は脱落し、about to の部分はアバウットゥのようなリズムになります。

女性の3つ目のセリフに flying out とあります。ここは子音字 g と母音 o がつながり、フラインガウトのように発音します。

STEP 1　自分のペースで音読しましょう

通常速度 🔊26

音声を聞き、発音を丁寧に確認します。そして音をマネし、理解をしっかりしながら自分のペースで音読しましょう。

5回

1		2		3		4		5	

STEP 2　リピート音読してみましょう

リピート音声 🔊27

意味の区切りごとに、スクリプトを見ながら音声の後に続けてリピート音読しましょう。　5回

1		2		3		4		5	

できるようになったら、何も見ずにリピート音読しましょう。　5回

1		2		3		4		5	

STEP 3　オーバーラッピングしてみましょう

通常速度 🔊26　1.2倍速 🔊28

最初は通常の速度でオーバーラッピングしましょう。　5回

1		2		3		4		5	

次に、1.2倍速でオーバーラッピングしましょう。　5回

1		2		3		4		5	

計25回　達成 !!

日付　　　／

本編で学んだ単語が聞き取れるか、空所を埋めてチャレンジしてみましょう。

1. Can we _____ that _____ _____ next Monday?

2. The director wants me to _____ _____ _____ our grand opening in Phoenix.

3. The local staff is _____ _____.

本編で出てきた単語やその他の単語を含んだ文を聞き取れるか、空所を埋めてチャレンジしてみましょう。

4. When I arrived at the office, the meeting _____ _____ _____ end.

5. The owner of the store had to _____ _____ its _____ _____ because the _____ had not arrived yet.

6. Ms. Shubert _____ _____ _____ the _____ campaign for our _____ _____.

STEP 4

1. Can we <u>put</u> that <u>off till</u> next Monday?

   来週の月曜日まで延期してもらえる？

2. The director wants me to <u>help prepare for</u> our grand opening in Phoenix.

   部長が、Phoenix でのグランドオープンの準備を手伝ってほしいと言っているのよ。

3. The local staff is <u>behind schedule</u>.

   現地のスタッフが予定より遅れているの。

STEP 5

4. When I arrived at the office, the meeting <u>was about to</u> end.

   私がオフィスに到着したときには、会議が終わろうとしていました。

5. The owner of the store had to <u>put off</u> its <u>grand opening</u> because the <u>merchandise</u> had not arrived yet.

   その店のオーナーは、商品がまだ到着していないため、グランドオープンを延期しなければなりませんでした。

6. Ms. Shubert <u>needed help organizing</u> the <u>advertising</u> campaign for our <u>latest product</u>.

   Shubert さんは、私たちの最新製品の広告キャンペーンを企画するのに手助けが必要でした。

■ behind schedule

schedule を使う表現は色々あるのでまとめておきましょう。例文3では behind schedule (予定より遅れて) が使われています。他に、on schedule (スケジュール通りに) や as scheduled (スケジュール通りに)、ahead of schedule (スケジュールより早く) のような表現があります。全て TOEIC に出てきますのであわせて覚えましょう。

■ be about to do

be about to 〜は後ろに動詞を置き、「まさに〜しようとしている」という意味を表します。会話の中では I heard we're about to open a new branch there. (そこに新しい支店を作るんだってね。) と、現在形となっていますが、例文4のように過去形でも使うことができます。

■ help 〜ing

例文6では、〈help + organizing〉のように、名詞 help の後ろに現在分詞が置かれています。この organizing (企画する) は名詞 help を後ろから説明していて、直訳すると「〜を企画するという手助け」という意味になります。本文でもこの表現が使われているため、音読する際には They need help (彼らは手伝いが必要だ) ⇨ (どんな手助け?) ⇨ organizing the store's layout and products (店内のレイアウトや商品の整理をするという) のように、前から意味を理解していきましょう。

🔊31

音声を聞き、問題を解きましょう。

47. Where do the speakers most likely work?

(A) At a magazine

(B) At a studio

(C) At a theater

(D) At a museum

48. What problem are the speakers discussing?

(A) An event might have to be canceled.

(B) A picture is missing from a room.

(C) Some promotional material is outdated.

(D) Some customers are unhappy with a service.

49. What will the man most likely do next?

(A) Look for samples online

(B) Meet with a photographer

(C) Set up a brochure stand

(D) Update a Web site

(32)

Questions 47 through 49 refer to the following conversation with three speakers.

Woman 1: Matteo and Arisa, I need your opinions. Do you think our brochure should be updated?

Man: Um… Well, one picture in it shows an exhibit we no longer have.

Woman 2: And the photo of the statue by the entrance should be replaced with a better shot.

Woman 1: OK, can you check online for local designers that create brochures? Choose one that you think would best suit us.

Woman 2: Is there anything in particular you want us to look for?

Woman 1: Designers show examples of their work on their Web sites. Hopefully, you can find a few that really stand out.

Man: I'll get started on that now.

問題47〜49は3人の話し手による次の会話に関するものです。

女性1：Matteo と Arisa、あなたたちの意見が聞きたいの。私たちのパンフレットは更新すべきだと思う？

男性：えーと、1枚の写真には、もうやっていない展示物が写っているんだよね。

女性2：それに、入り口の像の写真は、もっといい写真に変えたほうがいいわね。

女性1：じゃあ、パンフレットを作っている地元のデザイナーをネットで調べてみてくれる？私たちに一番合っていそうな人を選んでね。

女性2：見つけるのに何かこだわりはある？

女性1：デザイナーは、自分の作品例をホームページで紹介しているわ。うまくいけば、目を引くものがいくつか見つかるはずよ。

男性：それでは、早速取り掛かろう。

□ **brochure** 冊子、パンフレット
□ **update** 更新する
□ **exhibit** 展示物
□ **no longer** もはや〜ではない
□ **statue** 像
□ **replace** 交換する
□ **suit** （要求などに）合う
□ **in particular** 特に
□ **stand out** 目立つ
□ **get started** 始める

47. 話し手たちは、どこで働いていると考えられますか。

    (A) 雑誌社

    (B) スタジオ

    (C) 劇場

    (D) 美術館

正解 (D)

　やや難易度が高い問題です。パンフレットの更新について聞かれた男性が、one picture in it shows an exhibit we no longer have.（1枚の写真には、もうやっていない展示物が写っているんだよね。）と伝えています。また、もう1人の女性は入り口の像の写真について述べています。つまり話し手たちは展示物や像のある場所で働いていると想像できることから、正解は(D)だと判断できます。

　exhibitは「展示物」という意味です。この単語のhは発音せず、[igzíbit]（イグジビット）と発音することに注意しましょう。接頭辞のex-は「外へ」という意味を表すため、公の場に作品などを発表するイメージが湧きますね。また、no longerは「もはや〜ではない」という否定を表すフレーズです。

48. 話し手たちは、どんな問題について話し合っていますか。

    (A) イベントをキャンセルしなければならないかもしれない。

    (B) 部屋から写真がなくなっている。

    (C) いくつかの宣伝材料が古くなっている。

    (D) サービスに不満を持っている顧客がいる。

正解 (C)

　パンフレットを更新すべきかどうかを問われた男性が、one picture in it shows an exhibit we no longer have.（1枚の

写真には、もうやっていない展示物が写っているんだよね。）と述べていることから、パンフレットが古くなっていることが想像できます。よって正解は（C）です。

選択肢のSome promotional material（いくつかの宣伝材料）は会話に出てきたbrochure（パンフレット）を指しています。形容詞promotionalは「宣伝するための」という意味です。名詞promotionは「販売促進」という意味で、こちらもTOEICで頻出です。よく歌手が、自身の歌を宣伝するためにPVを作成しますが、このPVはpromotion videoの略で、「販売促進用のビデオ」を意味しています。

49. 男性は次に何をすると考えられますか。

    (A) オンラインでサンプルを探す

    (B) カメラマンと会う

    (C) パンフレットスタンドを設置する

    (D) ホームページを更新する

<u>正解 (A)</u>

女性から、can you check online for local designers that create brochures?（パンフレットを作っている地元のデザイナーをネットで調べてみてくれる？）とお願いされ、また、「デザイナーは、自分の作品例をホームページで紹介している」と提案された男性は、I'll get started on that now.（それでは、早速取り掛かろう。）と発言しています。つまり、男性はこれからネット上でデザイナーの作品例を探すと考えられるため、（A）が正解です。

ここでの表現get started on ～は「～に取り掛かる」という意味です。前置詞onは"接触"を表し、これから取り掛かる作業に"接触"する感覚を表しています。

🔊 33

Woman 1: Matteo and Arisa, / I need your opinions. //
Do you think our brochure should be updated?

Man: Um… Well, / one picture **in it** / shows an exhibit / we no longer have.

Woman 2: And the photo of the statue / by the entrance / should be replaced with a better shot.

Woman 1: OK, can you check online for local designers / that create brochures? //
Choose one / that you think would best **suit us**.

Woman 2: Is there anything in particular / you **want us** to look for?

Woman 1: Designers show examples of their work / on their Web sites. //
Hopefully, / **you can find a few** / **that really stand out**.

Man: I'll get started on that now.

女性1：Matteo と Arisa、/ あなたたちの意見が聞きたいの。//
私たちのパンフレットは更新すべきだと思う？

男性：えーと、/ 1枚の写真には、/ 展示物が写っているんだよね
/ もうやっていない。

女性2：それに、像の写真は / 入り口の / もっといい写真に変えたほ
うがいいわね。

女性1：じゃあ、地元のデザイナーをネットで調べてみてくれる？
/ パンフレットを作っている //
人を選んでね / あなたたちが私たちに一番合っていると思う。

女性2：何かこだわりはある？ / 私たちに探して欲しい

女性1：デザイナーは、自分の作品例を紹介しているわ / ホームペー
ジで。//
うまくいけば、/ いくつか見つかるはずよ / 目を引くものが。

男性：それでは、早速取り掛かろう。

※直訳に近い内容にしているため、前ページのスクリプト訳とは若干表現が
異なります。

🧑 男性の1つ目のセリフの in it はつなげて init（イニット）と
まるで1つの単語のようにスパッと言いましょう。

🧑 suit us や want us はそれぞれスータス、ウァンタスのよ
うにつなげて発音しましょう。

🧑 you can find a few that really stand out を見てみまし
ょう。that の t は脱落し、t を発音せず、ザッで留めます。
find a はファインダ、stand out もスタンダウ t のように
つなげて発音しましょう。

STEP 1 自分のペースで音読しましょう

通常速度
🔊32

音声を聞き、発音を丁寧に確認します。そして音をマネし、理解をしっかりしながら自分のペースで音読しましょう。

5回

1	2	3	4	5

STEP 2 リピート音読してみましょう

リピート音声
🔊33

意味の区切りごとに、スクリプトを見ながら音声の後に続けてリピート音読しましょう。 5回

1	2	3	4	5

できるようになったら、何も見ずにリピート音読しましょう。 5回

1	2	3	4	5

STEP 3 オーバーラッピングしてみましょう

通常速度 1.2倍速
🔊32 🔊34

最初は通常の速度でオーバーラッピングしましょう。 5回

1	2	3	4	5

次に、1.2倍速でオーバーラッピングしましょう。 5回

1	2	3	4	5

計25回　達成 !!
日付　　　／

本編で学んだ単語が聞き取れるか、空所を埋めてチャレンジしてみましょう。

1. Do you think our _____ should be _____?

2. One picture in it shows an _____ we _____
_____ have.

3. You can find a few that really _____ _____.

本編で出てきた単語やその他の単語を含んだ文を聞き取れるか、空所を埋めてチャレンジしてみましょう。

4. The _____ handbook was _____ after a
new company policy was _____.

5. Do you think the color of this picture frame
_____ the _____ walls?

6. It's a good time to _____ our old computers
_____ the _____ model.

STEP 4

1. Do you think our <u>brochure</u> should be <u>updated</u>?
   私たちのパンフレットは更新すべきだと思う？
2. One picture in it shows an <u>exhibit</u> we <u>no longer</u> have.
   1枚の写真には、もうやっていない展示物が写っているんだよね。
3. You can find a few that really <u>stand out</u>.
   目を引くものがいくつか見つかるはずよ。

STEP 5

4. The <u>employee</u> handbook was <u>updated</u> after a new company policy was <u>introduced</u>.
   新しい会社の方針が導入された後、従業員ハンドブックが更新されました。
5. Do you think the color of this picture frame <u>suits</u> the <u>entrance</u> walls?
   このフォトフレームの色は、入り口の壁に合っていると思いますか。
6. It's a good time to <u>replace</u> our old computers <u>with</u> the <u>latest</u> model.
   古くなったパソコンを最新のものに買い換えるにはいい時期ですね。

✖ update

update は動詞で「更新する」、名詞で「最新情報」という意味です。ここでは、〈主語 + be updated〉と受動態になっていて、「～は更新される」という意味になっています。名詞は Please give me an update on the project. (プロジェクトについての最新情報を聞かせてください。) のように使います。

✖ stand out

stand out は「目立つ」という意味です。stand は「立つ」、out は「出る」という意味です。「立ったら1人だけ周りより頭が突き出ていた」というイメージを持つと「目立つ」という意味を理解しやすいですね。この「目立つ」はポジティブな意味で使われ、周りより優れている様子を表します。ちなみに形容詞standout は「傑出した・卓越した」という意味です。

✖ introduce

動詞 introduce は「～を紹介する」という意味で覚えている方も多いと思いますが、TOEIC では「～を導入する」という意味でよく使われます。新しい制度や機械、アイデアなどを導入する時にこの introduce が用いられます。

🔊 37

音声を聞き、問題を解きましょう。

50. What did the woman do last week?

(A) She signed a contract.

(B) She worked long hours.

(C) She refused a job offer.

(D) She left on a trip.

51. What does the man ask about?

(A) Working hours

(B) Career advancement

(C) Company goals

(D) Employee transfers

52. What does the woman say is important to her?

(A) Taking a company tour

(B) Training new employees

(C) Finishing some classes

(D) Meeting some colleagues

◀38

Questions 50 through 52 refer to the following conversation.

Man: How did your job interview at Alfox Logistics go, Kiara?

Woman: They offered me a job as an inventory manager, but I turned it down last week.

Man: Really? When you and I last spoke, you seemed so excited about working there. Were the hours too long, or was the salary too low?

Woman: No, they wanted me to go to Rotterdam, and the job will start sometime next month.

Man: OK ... but is that a problem? I thought you'd always wanted to work abroad.

Woman: True. But I'm taking night classes at Delton University. Completing the course is important to me.

Man: I see. Well, I'm sure you'll find something suitable when you're done.

問題50 ～ 52は次の会話に関するものです。

男性：Kiara さん、Alfox Logistics の面接はどうだった？

女性：在庫管理マネージャーの仕事を紹介してくれたんだけど、先
　　　週辞退したわ。

男性：本当に？ 前に話したときは、そこで働くのをとても楽しみ
　　　にしていたように見えたのに。勤務時間が長すぎたり、給料
　　　が低すぎたりしたの？

女性：いいえ、Rotterdam に行ってほしいと言われて、来月には
　　　仕事が始まるのよ。

男性：なるほど、でも、それが問題なの？ 君はずっと海外で働き
　　　たいと考えていると思ったよ。

女性：ええ、そうよ。でも、私は Delton 大学の夜学を受けている
　　　の。コースを修了することが私にとって重要なのよ。

男性：なるほどね。まあ、修了したら何か合ったものが見つかるよ。

□ **offer** 　提示する・提案する

□ **inventory** 　在庫

□ **turn down** 　断る

□ **seem** 　～のように思われる

□ **complete** 　終える

□ **suitable** 　ふさわしい・適切な

50. 女性は先週何をしましたか。

(A) 契約書にサインした。

(B) 長い時間働いた。

(C) 仕事の依頼を断った。

(D) 旅行に出かけた。

正解 (C)

女性は、在庫管理マネージャーの仕事を紹介されたことを踏まえ、I turned it down last week.（先週辞退したわ。）と男性に伝えています。よって、在庫管理マネージャーの仕事を断ったとわかるため、正解は (C) です。

本文では turn down（断る）という表現が使われていますが、選択肢では refuse（拒否する）という単語に言い換えている点に注意しましょう。ちなみに turn を使った表現は、他にも TOEIC に出てきます。例えば turn in（提出する）や、turn on/off（スイッチを入れる/消す）、turn up/down（音量を上げる/下げる）などがあります。

51. 男性は何について尋ねていますか。

(A) 労働時間

(B) キャリアの向上

(C) 会社の目標

(D) 社員の異動

正解 (A)

仕事の紹介を断ったという話を聞いて驚いた男性は、Were the hours too long, or was the salary too low?（勤務時間が長すぎたり、給料が低すぎたりしたの？）と、労働時間などを例に挙げて、断った理由について女性に尋ねています。よって

正解は（A）です。

the hours は「勤務時間」を意味していますが、TOEICでは、hours を使った表現として operating hours / business hours（営業時間）がよく出てきます。例えば、The operating hours will be extended.（営業時間が延長されます。）のように使われるため、ぜひこの表現も覚えておきましょう。

52. 女性は自分にとって何が重要だと言っていますか。

    (A) 会社のツアーに参加すること

    (B) 新入社員を研修すること

    (C) 授業を終えること

    (D) 同僚に会うこと

正解 (C)

女性が、仕事の紹介を断った理由について I'm taking night classes at Delton University. Completing the course is important to me.（私は Delton 大学の夜学を受けているの。コースを修了することが私にとって重要なのよ。）と述べています。よって（C）が正解です。

complete（～を終える）を選択肢では finish に言い換えており、この言い換えは TOEIC で頻繁に見られます。また、the course（コース）を the classes（授業）に言い換えています。

🔊39

Man: **How did your job interview** / at Alfox Logistics go, Kiara?

Woman: They offered me a job / as an inventory manager, / but I **turned it down** last week.

Man: Really? // When you and I last spoke, / you seemed so excited / about working there. //
Were the hours too long, / or was the salary too low?

Woman: No, they **wanted me** to go to Rotterdam, / and the job will start sometime next month.

Man: OK ... / but is that a problem? //
I thought / you'd always **wanted to** work abroad.

Woman: True. // But I'm taking night classes / at Delton University. //
Completing the course / is important to me.

Man: I see. // Well, I'm sure you'll find something suitable / when you're done.

男性：面接はどうだった？ / Alfox Logistics の、Kiara さん

女性：仕事を紹介してくれたの / 在庫管理マネージャーとしての /
　　　でも先週辞退したわ。

男性：本当に？ // 前に話したときは / とても楽しみにしていたよう
　　　に見えたのに / そこで働くのを。 //
　　　勤務時間が長すぎたり、 / 給料が低すぎたりしたの？

女性：いいえ、Rotterdam に行ってほしいと言われて、 / 来月には
　　　仕事が始まるのよ。

男性：なるほど、 / でも、それが問題なの？ //
　　　私は思ったよ / 君はずっと海外で働きたいと考えていると。

女性：ええ、そうよ。 // でも、私は夜学を受けているの / Delton 大
　　　学で。 //
　　　コースを修了することが / 私にとって重要なのよ。

男性：なるほどね。 // まあ、何か合ったものが見つかるよ / 修了し
　　　たら。

※直訳に近い内容にしているため、前ページのスクリプト訳とは若干表現が
異なります。

🗣 男性の1つ目のセリフの How did your job interview を
見てみましょう。did your job の部分は did の d と your
の y がつながり、ディジューァジャブのような発音になり
ます。

🗣 turned it down はターンディッダゥンとつなげて一気に
発音しましょう。

🗣 wanted me と wanted to の発音を見てみましょう。wanted
をウォンティッドと発音するとリズムが崩れます。wanted
の t と d が脱落するため、それぞれウォニッ・ミー（wanted
me）、ウォニッ・トゥ（wanted to）のように発音してみま
しょう。

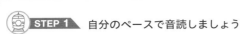

STEP 1 自分のペースで音読しましょう

通常速度
◀38

音声を聞き、発音を丁寧に確認します。そして音をマネし、理解をしっかりしながら自分のペースで音読しましょう。

5回

| 1 | | 2 | | 3 | | 4 | | 5 | |

STEP 2 リピート音読してみましょう

リピート音声
◀39

意味の区切りごとに、スクリプトを見ながら音声の後に続けてリピート音読しましょう。 5回

| 1 | | 2 | | 3 | | 4 | | 5 | |

できるようになったら、何も見ずにリピート音読しましょう。 5回

| 1 | | 2 | | 3 | | 4 | | 5 | |

STEP 3 オーバーラッピングしてみましょう

通常速度 1.2倍速
◀38 ◀40

最初は通常の速度でオーバーラッピングしましょう。 5回

| 1 | | 2 | | 3 | | 4 | | 5 | |

次に、1.2倍速でオーバーラッピングしましょう。 5回

| 1 | | 2 | | 3 | | 4 | | 5 | |

計25回　達成 !!	
日付	／

本編で学んだ単語が聞き取れるか、空所を埋めてチャレンジしてみましょう。

1. I _____ it _____ last week.

2. You _____ so _____ about working there.

3. _____ _____ you'll find _____ _____ when you're done.

本編で出てきた単語やその他の単語を含んだ文を聞き取れるか、空所を埋めてチャレンジしてみましょう。

4. I requested a _____ to the _____ _____ department, but I was _____ _____.

5. We'll take _____ for the next few days _____ the shop is closed.

6. The project _____ very difficult, but it didn't _____ much time to _____ it.

STEP 4

1. I turned it down last week.
   先週辞退したわ。

2. You seemed so excited about working there.
   そこで働くのをとても楽しみにしていたように見えたのに。

3. I'm sure you'll find something suitable when you're done.
   修了したら何か合ったものが見つかるよ。

STEP 5

4. I requested a transfer to the human resources department, but I was turned down.
   人事部に異動をお願いしましたが、断られてしまいました。

5. We'll take inventory for the next few days while the shop is closed.
   お店が閉まっている間の数日間、棚卸しをします。

6. The project seemed very difficult, but it didn't take much time to complete it.
   そのプロジェクトはとても難しく思えましたが、終えるのにそれほど時間はかかりませんでした。

✖ seem＋形容詞

　動詞seemは「～のように思われる・～のように見える」という意味で、後ろに形容詞を置き、人やモノの印象を伝える時に使います。例文2ではseemの後ろにexcited（わくわくする）、例文6ではdifficult（難しい）という形容詞を置いていますね。他に〈seem like＋名詞〉の表現もあります。It seems like a good idea.（それはいい考えのようですね）のように使います。

✖ something＋形容詞

　〈something＋形容詞〉で、「何か～のようなもの」という意味です。形容詞は通常、名詞の前に置きますが、例文3では代名詞somethingの後ろに形容詞suitable（ふさわしい）が置かれています。something/anything/nothingのように ～thingで終わる代名詞の場合、後ろに形容詞を置きます。

🔊43

音声を聞き、問題を解きましょう。

53. Who most likely is the man?

　(A) A financial investor

　(B) A talk show host

　(C) A magazine reporter

　(D) A television producer

54. What does the man ask the woman to do?

　(A) Review some products

　(B) Discuss some research

　(C) Explain some policies

　(D) Offer some advice

55. Why does the woman say, "It should give you plenty of new ideas"?

　(A) To recommend a consulting agency

　(B) To encourage people to watch a film

　(C) To offer her opinion about a seminar

　(D) To promote some educational lectures

Questions 53 through 55 refer to the following conversation.

Man: I'm Casey Miles, and you're listening to KPTR Radio. Joining me is Kimberly McGee, whose latest documentary, entitled *Greener Ventures*, will be on TV tomorrow evening. Welcome, Kimberly.

Woman: Thank you.

Man: Kimberly, could you tell us what your film is about?

Woman: Sure. It's about what companies can do to become more environmentally friendly.

Man: OK, and if you could give some environmental guidance to business owners listening right now, what would it be?

Woman: Well, using energy more efficiently should be a key priority. And there are lots of effective measures you can take to protect the environment. *Greener Ventures* goes over many of them. It should give you plenty of new ideas.

問題53～55は次の会話に関するものです。

男性：Casey Miles です。KPTR ラジオをお聞きいただいています。明日の夜、テレビで放映される最新のドキュメンタリー『Greener Ventures』を制作している Kimberly McGee さんにお越しいただきました。ようこそ、Kimberly さん。

女性：ありがとうございます。

男性：Kimberly さん、あなたの映像の内容を教えてくれますか。

女性：はい。企業がもっと環境に優しくなるためにはどうしたらいいか、という内容です。

男性：わかりました。では、今聞いている経営者の方に、環境に関するアドバイスをするとしたら、どんなことですか。

女性：そうですね、エネルギーをより効率的に使うことは、重要な優先事項です。また、環境保護のためにできる効果的な対策はたくさんあります。『Greener Ventures』では、それらの多くを考察しています。たくさんの新しいアイデアが得られるはずです。

- ☐ **entitle** 題名をつける
- ☐ **environmentally friendly** 環境に優しい
- ☐ **environmental** 環境の
- ☐ **efficiently** 効率的に
- ☐ **priority** 優先すること
- ☐ **effective** 効果的な
- ☐ **measure** 手段
- ☐ **protect** 保護する
- ☐ **go over** 調査する・熟考する・見直す
- ☐ **plenty of** たくさんの

53. 男性は誰だと考えられますか。

    (A) 金融投資家

    (B) トークショーの司会者

    (C) 雑誌記者

    (D) テレビのプロデューサー

正解 (B)

難易度が低い問題です。最初の男性の発言でI'm Casey Miles, and you're listening to KPTR Radio.（Casey Milesです。KPTRラジオをお聞きいただいています。）とラジオの番組名を紹介しています。その後にゲストを紹介しているため、男性はその番組の司会者だと考えられます。よって、正解は (B) です。

名詞hostは「司会者」の他に、「客をもてなす人」という意味があります。司会者は、番組を聞いている視聴者やゲストを「もてなす人」という立場だと言えますね。また、留学先でお世話になる"host family（ホストファミリー）"は、まさしく留学生をもてなしてくれる家族のことを指しています。

54. 男性は女性に何をするように求めていますか。

    (A) 製品を調査する

    (B) 研究内容を議論する

    (C) 方針について説明する

    (D) アドバイスを提供する

正解 (D)

男性が会話の中盤で、if you could give some environmental guidance to business owners listening right now, what would it be?（今聞いている経営者の方に、環境に関するア

ドバイスをするとしたら、どんなことですか。) と女性に尋ね、環境に関するアドバイスを求めています。よって、正解は (D) です。

会話の中では guidance (指導) と表現されている単語が、選択肢では advice (アドバイス) と言い替えられています。

If you could ～, what would it be? (もし～ができるとしたら、それはどんなことですか。) という表現は少し難しいですね。この表現は、過去形の could や would を用いた仮定法です。ここでは、仮定法を使いながら、相手にアドバイスをしてもらうことを丁寧に依頼しています。

55. 女性はなぜ "It should give you plenty of new ideas" と言っていますか。

(A) コンサルティング会社を勧めるため

(B) 人々に映像を見ることを促すため

(C) セミナーについての意見を述べるため

(D) 教育的な講演会を宣伝するため

正解 (B)

女性はラジオ番組の中で、自分自身が制作した映像を紹介しています。この発言の主語 it (それは) はその映像を指し、「(この映像を見ることによって) たくさんの新しいアイデアが得られるはず」と示唆していることから、人々に映像を見ることを促していると考えられます。よって、正解は (B) です。

引用されている発言 "It should give you plenty of new ideas" の plenty of ～ は「たくさんの～」という表現です。many (たくさんの) と同じように使うことができます。

(45)

Man: I'm Casey Miles, / and you're listening to KPTR Radio. //
Joining me is Kimberly McGee, / whose latest documentary, / entitled *Greener Ventures*, / will be on TV tomorrow evening.//
Welcome, Kimberly.

Woman: Thank you.

Man: Kimberly, **could you tell us / what your film is about?**

Woman: Sure. // It's about what companies can do / to become more environmentally friendly.

Man: OK, / and if you could give some environmental guidance / to business owners / listening right now, / what would it be?

Woman: Well, using energy more efficiently / should be a key priority. //
And there are lots of effective measures / you can take / to protect the environment. // *Greener Ventures* goes over many of them. // It should give you plenty of new ideas.

男性：Casey Miles です。/ KPTR ラジオをお聞きいただいています。//
Kimberly McGee さんにお越しいただきました / 彼女の最新のドキュメンタリーは / 『Greener Ventures』という題名がつけられていて / 明日の夜、テレビで放映されます。//
ようこそ、Kimberly さん。

女性：ありがとうございます。

男性：Kimberly さん、教えてくれますか / あなたの映像が何についてなのかを。

女性：はい。// 企業は何をすることができるか、についてです / もっと環境に優しくなるためには。

男性：わかりました。/ では、環境に関するアドバイスをするとしたら、/ 経営者の方に / 今聞いている / どんなことですか。

女性：そうですね、エネルギーをより効率的に使うことは、/ 重要な優先事項です。//
また、効果的な対策はたくさんあります / あなた方ができる / 環境を保護するために。// 『Greener Ventures』では、それらの多くを考察しています。// たくさんの新しいアイデアをあなた方に与えてくれるはずです。

※直訳に近い内容にしているため、前ページのスクリプト訳とは若干表現が異なります。

男性の2つ目のセリフに could you tell us what your film is about? とありますが、3つの事項に注意しましょう。1つ目は could you の発音。d と y がつながり、クッジューのような音になります。2つ目は、what your film is about の部分。ワッチュア・フィルミズ・ァバウ t のように、一息で言い切りましょう。3つ目は文法。what（疑問詞）+ your film（主語）+ is（動詞）と並ぶことを意識しましょう。

STEP 1　自分のペースで音読しましょう

通常速度
(●44)

　音声を聞き、発音を丁寧に確認します。そして音をマネし、理解をしっかりしながら自分のペースで音読しましょう。

5回

1	2	3	4	5

STEP 2　リピート音読してみましょう

リピート音声
(●45)

　意味の区切りごとに、スクリプトを見ながら音声の後に続けてリピート音読しましょう。　5回

1	2	3	4	5

　できるようになったら、何も見ずにリピート音読しましょう。　5回

1	2	3	4	5

STEP 3　オーバーラッピングしてみましょう

通常速度　1.2倍速
(●44)　(●46)

最初は通常の速度でオーバーラッピングしましょう。　5回

1	2	3	4	5

次に、1.2倍速でオーバーラッピングしましょう。　5回

1	2	3	4	5

計25回　達成 !!
日付　　　　／

STEP 4　復習編　単語チェック　🔊47

本編で学んだ単語が聞き取れるか、空所を埋めてチャレンジしてみましょう。

1. It's about what companies can do to become

more _____ _____.

2. Using energy more _____ should be a

key _____.

3. There are lots of _____ _____ you can

take to _____ the _____.

STEP 5　応用編　単語チェック　🔊48

本編で出てきた単語やその他の単語を含んだ文を聞き取れるか、空所を埋めてチャレンジしてみましょう。

4. Mr. Dimitry's _____ book, _____ *Greener*

Ventures, was _____ last week.

5. Our manager always _____ _____

time _____.

6. The company has been helping to _____

various _____ _____ over the past few

years.

STEP 4

1. It's about what companies can do to become more <u>environmentally</u> <u>friendly</u>.

   企業がもっと環境に優しくなるためにはどうしたらいいか、という内容です。

2. Using energy more <u>efficiently</u> should be a key <u>priority</u>.

   エネルギーをより効率的に使うことは、重要な優先事項です。

3. There are lots of <u>effective</u> <u>measures</u> you can take to <u>protect</u> the environment.

   環境保護のためにできる効果的な対策はたくさんあります。

STEP 5

4. Mr. Dimitry's <u>latest</u> book, <u>entitled</u> *Greener Ventures*, was <u>published</u> last week.

   先週、Dimitry さんの最新作『Greener Ventures』が出版されました。

5. Our manager always <u>prioritizes</u> <u>effective</u> time <u>management</u>.

   私たちのマネージャーは、常に効果的な時間管理を優先しています。

6. The company has been helping to <u>address</u> various <u>environmental</u> <u>issues</u> over the past few years.

   この会社はここ数年、さまざまな環境問題への取り組みを支援しています。

✖ priority

例文2の名詞priority は「優先事項」という意味です。電車の座席には priority seat（優先席）がありますね。また、例文5の動詞prioritize（〜を優先する）もあわせて覚えましょう。

✖ address

address は動詞で「取り組む」という意味です。TOEICでよく頻出するaddress は動詞「取り組む」「演説する」、名詞「演説」の3つがあります。

✖ issue

例文6に environmental issues（環境問題）とあります。この名詞issue（問題）は名詞problem と同義語です。issue は他に、名詞では雑誌や新聞の「号（例：1月号・2月号）」という意味もあります。

音声を聞き、問題を解きましょう。

56. What are the speakers discussing?

(A) Organizing a retirement party

(B) Planning for a conference

(C) Filling some job openings

(D) Meeting with some clients

57. What does the woman say she is pleased about?

(A) The results of an employee survey

(B) The sales of some merchandise

(C) The release of an advertisement

(D) The extension of a deadline

58. What will the speakers do next?

(A) Review some résumés

(B) Consult with a manager

(C) Arrange transportation

(D) Conduct some training

50

Questions 56 through 58 refer to the following conversation.

Woman: Kevin, there are two positions open in the accounting department. When Kelly Davis retires next month, there will be three. Of course, it's up to us here in the personnel department to fill those as soon as possible.

Man: We've already received a dozen applications since Friday. Didn't anyone tell you that the hiring manager posted a job ad last Thursday?

Woman: No. I attended a training conference last week, but I'm glad to hear that. Have you selected any qualified candidates for interviews?

Man: Not yet. But since we're in a rush to hire new staff, let's go over the résumés now.

問題56〜58は次の会話に関するものです。

女性：Kevin、経理部で2つの職が空いています。Kelly Davis が来月退職すると、3つになります。もちろん、それをできるだけ早く埋めるのは、この人事部にかかっているのですが。

男性：金曜日からすでに12件の応募がありました。採用担当者が先週の木曜日に求人広告を出したことを誰も教えてくれなかったのですか。

女性：聞いていませんでした。先週は研修会議に出席していたんです。でも、それを聞いて安心しました。面接のために資格要件を満たした候補者を選びましたか。

男性：まだです。でも、新しいスタッフの採用を急いでいるので、今から履歴書を見てみましょう。

- ☐ **position** 職
- ☐ **accounting department** 経理部
- ☐ **retire** 退職する
- ☐ **up to 〜** 〜次第
- ☐ **personnel department** 人事部
- ☐ **application** 応募
- ☐ **post** 掲示する
- ☐ **job ad** 求人広告
- ☐ **qualified** 資格要件を満たした・適任の
- ☐ **candidate** 候補者
- ☐ **in a rush** 大急ぎで
- ☐ **hire** 採用する

56. 話し手たちは何を話し合っていますか。

(A) 退職パーティーを開催すること

(B) 会議を計画すること

(C) 空いている職を埋めること

(D) 顧客とミーティングをすること

正解 (C)

　女性が、経理部の職が3つ空いてしまうことを懸念し、男性に it's up to us here in the personnel department to fill those as soon as possible. (それをできるだけ早く埋めるのは、この人事部にかかっているのですが。) と伝えています。その発言を受け、男性が人員の募集を始めていることを説明していることから、正解は(C)だとわかります。

　女性の発言の it's up to 〜という表現は「〜次第です」という意味で、日常生活でも頻繁に使われます。例えば、What would you like to eat for lunch? (昼食は何を食べたいですか。) という質問に It's up to you. (あなたにお任せします。) と答えることができます。

57. 女性は何について喜んでいると言っていますか。

(A) 従業員アンケートの結果

(B) 商品の販売

(C) 広告のリリース

(D) 期限の延長

正解 (C)

　人員の募集を急ぐ女性に対し、男性は、採用担当者が先週の木曜日に求人広告を出したことを述べています。それを聞いた女性が、I'm glad to hear that. (それを聞いて安心しまし

た。）と発言していることから、求人広告がすでに出されていたことを喜んでいるとわかります。よって、正解は（C）です。

　女性の発言にある I'm glad to hear that.（それを聞いて安心しました。）というフレーズはそのまま丸ごと覚えましょう。that（それ）は前述した内容を指していて、相手の話に対して喜ぶ（または安堵する）時に使える表現です。

58. 話し手たちは、次に何をしますか。
　　(A) 履歴書を確認する
　　(B) マネージャーに相談する
　　(C) 交通手段を手配する
　　(D) 研修を行う

正解 (A)

　男性はすでに12件の応募があったことを説明し、最後に since we're in a rush to hire new staff, let's go over the résumés now.（でも、新しいスタッフの採用を急いでいるので、今から履歴書を見てみましょう。）と女性に伝えています。応募者の中から候補者を選ぶべく、これから履歴書を確認しようとしているため、正解は（A）です。

　男性の発言にある go over という表現は動詞 review や check に言い換えられる表現で「調査する・確認する」という意味です。前置詞 over は「〜の上」を表すため、この場合は履歴書を一つ一つ上から眺めて目を隅々まで行き渡らせるイメージを持つといいでしょう。

　また、résumé（履歴書）はeの上に必ずアクサン・テギュというカンマのような記号が付きます。résumé は元々フランス語で、eを「エ」と発音する時にはこのアクサン・テギュをつけます。このアクサン・テギュのつかない resume は動詞で「再開する」という別の単語になります。

🔊 51

Woman: Kevin, there are two positions open / in the accounting department. // When Kelly Davis retires next month, / there will be three. // Of course, it's up to us here in the **personnel** department / to fill those as soon as possible.

Man: We've already received a dozen applications / since Friday. // **Didn't anyone tell you / that the hiring manager posted a job ad /** last Thursday?

Woman: No. // I attended a training conference last week, / **but I'm glad to** hear that. // Have you selected any qualified candidates / for interviews?

Man: Not yet. // But since we're in a rush / to hire new staff, / let's go over the résumés now.

女性：Kevin、2つの職が空いています / 経理部で。 ||
　　　Kelly Davis が来月退職すると、/ 3つになります。 ||
　　　もちろん、この人事部にかかっているのですが / それをできるだけ早く埋めるのは。

男性：すでに12件の応募がありました / 金曜日から。 ||
　　　誰も教えてくれなかったのですか / 採用担当者が求人広告を出したことを / 先週の木曜日に。

女性：聞いていませんでした。 || 先週は研修会議に出席していたんです / でも、それを聞いて安心しました。 ||
　　　資格要件を満たした候補者を選びましたか / 面接のために。

男性：まだです。 || でも、急いでいるので / 新しいスタッフを採用するのに / 今から履歴書を見てみましょう。

> ※直訳に近い内容にしているため、前ページのスクリプト訳とは若干表現が
> 　異なります。

🗣 personnel の単語の発音を「個人の」という意味の personal（pá:rsənəl）と間違えないようにしましょう。personnel は pə̀:rsənnél という発音記号で、最後の nel（ネル）の部分を強く読みます。

🗣 男性の1つ目のセリフに Didn't anyone tell you that … とあります。〈tell you that 主語＋動詞：that 以下のことをあなたに言う〉の型になっています。これは非常によく出てくる文の型なので、音読する時には〈tell you that 主語＋動詞〉の並びを強く意識しましょう。

🗣 but I'm glad to はバライムグラットゥのようにつなげて発音し、迷わず一気に読みましょう。

STEP 1 自分のペースで音読しましょう

通常速度
🔊50

音声を聞き、発音を丁寧に確認します。そして音をマネし、理解をしっかりしながら自分のペースで音読しましょう。

5回

1	2	3	4	5

STEP 2 リピート音読してみましょう

リピート音声
🔊51

意味の区切りごとに、スクリプトを見ながら音声の後に続けてリピート音読しましょう。 **5回**

1	2	3	4	5

できるようになったら、何も見ずにリピート音読しましょう。 **5回**

1	2	3	4	5

STEP 3 オーバーラッピングしてみましょう

通常速度 1.2倍速
🔊50 🔊52

最初は通常の速度でオーバーラッピングしましょう。 **5回**

1	2	3	4	5

次に、1.2倍速でオーバーラッピングしましょう。 **5回**

1	2	3	4	5

計25回　達成!!

日付	／

本編で学んだ単語が聞き取れるか、空所を埋めてチャレンジしてみましょう。

1. _____ _____ _____ us here in the _____ _____ to _____ those as soon as possible.

2. We've already _____ a dozen _____ since Friday.

3. Have you selected any _____ _____ for interviews?

本編で出てきた単語やその他の単語を含んだ文を聞き取れるか、空所を埋めてチャレンジしてみましょう。

4. Whether we can accept your _____ _____ _____ _____ _____ the _____ director.

5. Ms. Allen seems to be more _____ than the other _____.

6. We quickly _____ a _____ _____ on our Web site after Ms. Taylor _____ she would be _____.

1. It's up to us here in the personnel department to fill those as soon as possible.
   それをできるだけ早く埋めるのは、この人事部にかかっているのですが。

2. We've already received a dozen applications since Friday.
   金曜日からすでに12件の応募がありました。

3. Have you selected any qualified candidates for interviews?
   面接のために資格要件を満たした候補者を選びましたか。

4. Whether we can accept your application will be up to the personnel director.
   あなたの応募書類を受け付けられるかどうかは、人事部長の判断によります。

5. Ms. Allen seems to be more qualified than the other candidates.
   Allen さんは他の候補者よりも適任だと思われます。

6. We quickly posted a job ad on our Web site after Ms. Taylor announced she would be retiring.
   Taylor さんが退職することを発表した後、すぐにウェブサイトに求人広告を掲載しました。

▨ fill

　fillは動詞で「埋める」という意味です。fill the open position（空いた職を埋める）のように使います。また、fill out the form（フォームを記入する）やfill someone in on~（~について人に伝える）もTOEICでは頻出です。

▨ whether

　接続詞whetherは「~かどうか」という意味です。例文4ではWhether we can accept your application（あなたの応募書類を受け付けられるかどうか）という名詞節を作り、主語になっています。長い主語ですが、〈Whether＋主語（we）＋動詞（can accept）＋目的語（your application）〉を意識し、主語の後ろの述語動詞（will be）が出てくるのを確認しましょう。

(●55)

音声を聞き、問題を解きましょう。

59. What does the woman have to finish by tomorrow?

(A) A list of job interview questions

(B) A report for a hotel director

(C) A questionnaire for guests

(D) An article about a hotel service

60. What does the man imply when he says, "I've finished my assignment for today"?

(A) He wants the woman to check his work.

(B) He finished some work ahead of schedule.

(C) He would like to leave earlier than usual.

(D) He has time to assist the woman now.

61. What does the woman want to do?

(A) Go to a quieter room

(B) Take a lunch break

(C) Use a photocopy machine

(D) Ask a coworker a question

🔊 56

Questions 59 through 61 refer to the following conversation

Man: Hi, Cynthia. I heard the hotel manager saying that you're creating a new questionnaire for our guests that will help us improve our services. He also mentioned that you may need some help.

Woman: That's right—I'm supposed to get it done by tomorrow, but I've been so busy preparing for tonight's banquet in our hall that I haven't had time to work on it yet.

Man: Well, I've finished my assignment for today.

Woman: Oh, I'm glad to hear that. Why don't we make a list of appropriate questions together? We can go do that now in the staffroom, where it won't be as noisy as here at the front desk.

問題59～61は次の会話に関するものです。

男性：やぁ、Cynthia さん。私たちのサービス向上に役立たせられ
　　　る宿泊客の新しいアンケートを作成しているとホテルの支
　　　配人から聞いたよ。君が手助けを必要としているかもしれな
　　　いとも言っていたよ。

女性：そうなのよ。明日までに完成させる予定なのに、今夜のホー
　　　ルでの宴会の準備で忙しくて、まだ作業する時間を取れてい
　　　ないの。

男性：そうなんだね、僕は今日の仕事は終わったよ。

女性：それはよかったわ。一緒に適切な質問のリストを作らない？
　　　今からスタッフルームでやりましょう、そこはフロントほど
　　　騒がしくないので。

□ **questionnaire**　アンケート

□ **guest**　宿泊客

□ **improve**　向上させる

□ **mention**　述べる

□ **be supposed to ～**　～することになっている

□ **get ～ done**　～を終わらせる

□ **banquet**　祝宴

□ **assignment**　仕事・課題

□ **appropriate**　適切な

□ **noisy**　騒がしい

59. 女性は明日までに何を仕上げなければなりませんか。

(A) 就職面接の質問のリスト

(B) ホテルのディレクターへの報告書

(C) 宿泊客へのアンケート

(D) ホテルのサービスに関する記事

正解 (C)

　男性から宿泊客へのアンケート作成について問われた女性は、I'm supposed to get it done by tomorrow（明日までに完成させる予定なの）と答えています。it（それ）はアンケートの作成を指し、アンケートの作成を明日までに終わらせる予定だとわかるため、正解は（C）だと判断できます。

　I'm supposed to get it done by tomorrow の be supposed to do は「（規則や義務、約束によって）～することになっている」という意味です。また、get it done は「それをやり遂げる、終わらせる」という意味です。I'm supposed to do it by tomorrow でも同じ意味になりますが、get it done というフレーズを使うことで、より「終わらせる・完了させる」というニュアンスが強く出ています。

60. 男性は "I've finished my assignment for today" という発言で、何を示唆していますか。

(A) 女性に自分の仕事を確認してもらいたいと思っている。

(B) 予定よりも早く仕事を終えた。

(C) いつもより早く帰りたいと思っている。

(D) 今、女性を手伝う時間がある。

正解 (D)

　この男性の発言の前に、女性が宿泊客用のアンケートを作

成する時間が取れないと述べています。その女性の発言を受けて、男性は「今日の仕事を終えた」と伝え、アンケートの作成の手伝いができることを示唆しているのがわかります。よって正解は (D) です。

　引用された発言にある名詞assignmentは「(割り当てられた)仕事・課題」という意味で、taskと同じ意味です。また、動詞assignは「(仕事などを人に)割り当てる」という意味です。あわせて覚えておきましょう。

61. 女性は何をしたいと思っていますか。

　　(A) より静かな部屋に行きたい

　　(B) 昼休みを取りたい

　　(C) コピー機を使いたい

　　(D) 同僚に質問をしたい

正解 (A)

　女性が We can go do that now in the staffroom, where it won't be as noisy as here at the front desk. (今からスタッフルームでやりましょう、そこはフロントほど騒がしくないので。) と、スタッフルームへの移動を男性に促しています。静かな場所で作業をするためだと判断できるので、正解は (A) です。

　この女性の発言で使われている関係副詞whereの先行詞は the staffroom (スタッフルーム) です。音読する時、このwhereは「そこは (スタッフルームは)」と解釈し、the staffroomを指していることを意識しましょう。このように関係副詞whereが文中に出てくる時は、先行詞を明確にした上で「そこは・そこで」と解釈するとスムーズです。

◀57

Man: Hi, Cynthia. // **I heard the hotel manager saying** / that you're creating a new questionnaire for our guests / that will help us improve our services. // He also mentioned / that you may need some help.

Woman: That's right— // **I'm supposed to** get it done by tomorrow, / but I've been so busy preparing for tonight's banquet / in our hall / that I haven't had time / to work on it yet.

Man: Well, I've finished my assignment / for today.

Woman: Oh, **I'm glad to** hear that. // Why don't we make a list / of appropriate questions together? // We can go do that now / in the staffroom, / where it won't be as noisy as here at the front desk.

男性：やぁ、Cynthia さん。// ホテルの支配人が言っているのを聞いたよ / 君が宿泊客の新しいアンケートを作成していると / 私たちのサービス向上に役立たせられる。//
彼はまた言っていたよ / 君が手助けを必要としているかもしれないと。

女性：そうなのよ。// 明日までに完成させる予定なのに / 今夜の宴会の準備で忙しくて / ホールでの / まだ時間を取れていないの / 作業するための。

男性：そうなんだね、僕は仕事は終わったよ / 今日の。

女性：それはよかったわ。// リストを作らない？ / 一緒に適切な質問の //
今からやりましょう / スタッフルームで / そこはフロントほど騒がしくないので。

※直訳に近い内容にしているため、前ページのスクリプト訳とは若干表現が異なります。

🧑 男性の1つ目のセリフで I heard the hotel manager saying...とありますが、これは〈知覚動詞 hear + O（目的語）＋現在分詞（動詞の ing 形）：O が〜しているのを聞く〉という構造です。そのため、ここでは「ホテルの支配人が…と言っているのを聞いたよ」という意味になっています。文構造を理解した上で音読しましょう。

🧑 女性の1つ目のセリフの I'm supposed to... についてです。supposed の発音記号は səpóuzd ですが、後ろに to があるため、ここでは d は発音せず、サポーズットゥとなります。同じように、女性の2つ目のセリフの I'm glad to...の部分も、glad (glǽd) の最後の d は、後ろに to があるため、発音せず、アイムグラットゥのようになります。

127

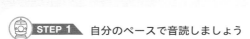

STEP 1　自分のペースで音読しましょう

通常速度
🔊56

音声を聞き、発音を丁寧に確認します。そして音をマネし、理解をしっかりしながら自分のペースで音読しましょう。

5回

| 1 | 2 | 3 | 4 | 5 | |

STEP 2　リピート音読してみましょう

リピート音声
🔊57

意味の区切りごとに、スクリプトを見ながら音声の後に続けてリピート音読しましょう。　5回

| 1 | 2 | 3 | 4 | 5 | |

できるようになったら、何も見ずにリピート音読しましょう。　5回

| 1 | 2 | 3 | 4 | 5 | |

STEP 3　オーバーラッピングしてみましょう

通常速度　1.2倍速
🔊56　🔊58

最初は通常の速度でオーバーラッピングしましょう。　5回

| 1 | 2 | 3 | 4 | 5 | |

次に、1.2倍速でオーバーラッピングしましょう。　5回

| 1 | 2 | 3 | 4 | 5 | |

計25回　達成 !!
日付　　　　／

STEP 4　復習編　単語チェック　(◀59)

本編で学んだ単語が聞き取れるか、空所を埋めてチャレンジしてみましょう。

1. You're _____ a new _____ for our guests.

2. I've been so _____ _____ _____
tonight's _____ in our hall that I haven't had
time to _____ _____ it yet.

3. It won't be _____ _____ _____ here at
the front desk.

STEP 5　応用編　単語チェック　(◀60)

本編で出てきた単語やその他の単語を含んだ文を聞き取れるか、空所を埋めてチャレンジしてみましょう。

4. All staff members _____ _____ _____
submit the _____ by November 10.

5. Mr. Cummings has been very _____ _____
_____ a new _____.

6. The Willowsdale Hotel is a more _____ venue
than the _____ hall for next month's _____.

STEP 4

1. You're <u>creating</u> a new <u>questionnaire</u> for our guests.
   あなたは宿泊客の新しいアンケートを作成している。

2. I've been so <u>busy</u> <u>preparing</u> <u>for</u> tonight's <u>banquet</u> in our hall that I haven't had time to <u>work</u> <u>on</u> it yet.
   今夜のホールでの宴会の準備で忙しくて、まだ作業する時間を取れていないの。

3. It won't be <u>as</u> <u>noisy</u> <u>as</u> here at the front desk.
   そこはフロントほど騒がしくないので。

STEP 5

4. All staff members <u>are</u> <u>supposed</u> <u>to</u> submit the <u>questionnaire</u> by November 10.
   全スタッフは11月10日までにアンケートを提出することになっています。

5. Mr. Cummings has been very <u>busy</u> <u>working</u> <u>on</u> a new <u>assignment</u>.
   Cummings さんは新しい仕事でとても忙しくしています。

6. The Willowsdale Hotel is a more <u>appropriate</u> venue than the <u>convention</u> hall for next month's <u>banquet</u>.
   来月の宴会にはコンベンションホールより Willowsdale Hotel のほうが適している会場です。

❌ busy + doing

　例文2・例文5では〈busy + doing：〜して忙しい〉の型を使い、それぞれ I've been so busy preparing for tonight's banquet... / Mr. Cummings has been very busy working on... となっています。busy の後ろに「忙しくさせている原因・行動」が続くことを意識しましょう。

❌ as ＋形容詞＋ as 〜

　〈as + 形容詞 + as 〜〉は「〜と同じくらい…だ」という意味です。例文3ではその否定文になっており、「〜ほど…ではない」という意味になっています。ここでは形容詞noisyを入れていますね。

❌ work on 〜

　work on 〜 で「〜に取り組む」という意味で、TOEICに頻出です。work on a project（プロジェクトに取り組む）・work on a new campaign（キャンペーンに取り組む）などさまざまな場面で使われます。

🔊61

音声を聞き、問題を解きましょう。

Kitchen Floor Tiles	
Product Code	Type
FT-01	Ceramic
FT-02	Granite
FT-03	Marble
FT-04	Porcelain

62. What did the woman receive?

(A) A list of colors

(B) A floor plan

(C) Some pictures

(D) Some samples

63. What is the woman concerned about?

(A) Ordering a meal

(B) Meeting with a client

(C) Receiving a call

(D) Damaging a floor

64. Look at the graphic. Which product does the woman choose?

(A) FT-01

(B) FT-02

(C) FT-03

(D) FT-04

◀62

Questions 62 through 64 refer to the following conversation and list.

Man: Hello, Ms. Barnett. It's Gary Morris calling from Prima Remodeling. I was wondering if you've made a decision about the floor tile samples I sent you.

Woman: Hi, Gary. The ceramic ones are very attractive and within my budget. But I often drop things when cooking, so I'm worried about cracking them.

Man: Then if I were you, I'd pick porcelain. It's quite durable and stain resistant. However, it's more expensive than the others.

Woman: All right. I wish that material was less expensive, but I'll go with it. And thanks so much for the advice.

問題62〜64は次の会話とリストに関するものです。

キッチンフロアタイル	
製品コード	タイプ
FT-01	セラミック
FT-02	グラナイト
FT-03	大理石
FT-04	磁器

男性：こんにちは、Barnett さん。Prima Remodeling の Gary Morris です。私がお送りしたフロアタイルのサンプルについて決まったかなと思いまして。

女性：こんにちは、Gary さん。セラミック製のものはとても魅力的で、予算の範囲内です。でも、私は料理をする時によく物を落としてしまうので、ひび割れが心配です。

男性：それなら、私なら磁器製を選びますよ。耐久性が高く、汚れがつきにくいんです。ただ、他のものよりも値段が高いですね。

女性：そうですか。その素材がもっと安価であればいいのですが、それにしておきます。そして、アドバイスをありがとうございました。

□ **wonder** 〜かどうかと思う
□ **attractive** 魅力的な
□ **budget** 予算
□ **crack** 〜にひびを入れる
□ **durable** 耐久性のある
□ **stain** 染み
□ **resistant** 抵抗力のある
□ **material** 材料
□ **go with 〜** 〜を選ぶ

62. 女性は何を受け取りましたか。

(A) 色のリスト

(B) 間取り図

(C) 写真

(D) サンプル

正解 (D)

　男性がI was wondering if you've made a decision about the floor tile samples I sent you. (私がお送りしたフロアタイルのサンプルについて決まったかなと思いまして。) と述べています。この発言から、男性が女性にフロアタイルのサンプルを送り、女性がそれを受け取ったことがわかります。よって正解は (D) です。

　I was wondering if 〜は「〜だろうかと考えていました」という意味です。〈wonder if 主語＋動詞〉の型を意識しましょう。I was thinking that 〜 (私は〜と考えていました) と似たような意味ですが、ここでは動詞wonderを使うことで「疑問に思っている」というニュアンスを含んでいます。

63. 女性は何を心配していますか。

(A) 食事を注文すること

(B) 顧客と会うこと

(C) 電話を受けること

(D) 床を傷つけること

正解 (D)

　女性がセラミック製のフロアタイルについて、I often drop things when cooking, so I'm worried about cracking them. (私は料理をする時によく物を落としてしまうので、ひび割れが心配

です。）と発言しています。よって、料理をする時に物を落として床を傷つけてしまうことを心配しているため、正解は（D）です。

この設問では be concerned about ～（～について心配する）という表現が使われ、女性が心配していることについて尋ねています。本文の中では I'm worried about ～（私は～が心配です）という表現を女性が使っています。TOEIC ではよく言い換えられる表現です。

64. 図を見てください。女性が選ぶ製品はどれですか。

    (A) FT-01

    (B) FT-02

    (C) FT-03

    (D) FT-04

正解 (D)

男性が if I were you, I'd pick porcelain.（私なら磁器製を選びますよ。）という提案に対して、女性は I'll go with it.（それにしておきます。）と porcelain（磁器製）のフロアタイルを選んでいます。図を確認すると、porcelain の製品コードは FT-04 なので、正解は（D）です。

if I were you, I'd pick porcelain.（私なら磁器製を選びますよ。）という発言は「仮定法」と呼ばれる英文です。「もし私があなたなら…」という仮の話をしています。音読する時には〈If I were you, I'd（I would）＋動詞 ～．：もし私があなたなら、～します〉という型を意識しましょう。

🔊63

Man: Hello, Ms. Barnett. // It's Gary Morris calling from Prima Remodeling. // I was wondering / if **you've** made a decision / about **the floor tile samples** / **I sent you**.

Woman: Hi, Gary. // The ceramic ones are very attractive / and within my budget. // But I often drop things / when cooking, / so I'm worried about cracking them.

Man: Then if I were you, / I'd pick porcelain. // It's quite durable / and stain resistant. // However, it's more expensive than the others.

Woman: All right. // I wish that material was less expensive, / but I'll **go with it**. // And thanks so much for the advice.

男性：こんにちは、Barnett さん。// Prima Remodeling の Gary
Morris です。//
思いまして / あなたは決めただろうかと / フロアタイルのサ
ンプルについて / 私がお送りした。

女性：こんにちは、Gary さん。// セラミックのものはとても魅力
的で / 予算の範囲内です。// でも、私はよく物を落としてし
まうので / 料理をする時に / そのためひび割れが心配です。

男性：それなら、私なら / 磁器製を選びますよ。//
耐久性が高く、/ 汚れがつきにくいんです。//
ただ、他のものよりも値段が高いですね。

女性：そうですか。// その素材がもっと安価であればいいのですが、/
それにしておきます。//
そして、アドバイスをありがとうございました。

※直訳に近い内容にしているため、前ページのスクリプト訳とは若干表現が
　異なります。

🗣 男性の1つ目のセリフの you've ですが、ユーヴとクリアに
言わず、ユヴのように、唇を閉じることでかすかに ve の
音を出します。また、I sent you を見てみましょう。sent
you はつながってセンチュゥという発音になります。ここ
の一連のセリフを音読する時には、the floor tile samples
（フロアタイルのサンプル）⇨（どんなタイル？）⇨ I sent you
（私があなたに送った）のように、情報を付け足していく意
識を強く持ちましょう。

🗣 女性の2つ目のセリフにある go with it ですが、with を
it にスムーズにつなげます。そのため、ウィズィッ t のよ
うに発音しましょう。

STEP 1 自分のペースで音読しましょう

通常速度
🔊62

音声を聞き、発音を丁寧に確認します。そして音をマネし、理解をしっかりしながら自分のペースで音読しましょう。

5回

1	2	3	4	5

STEP 2 リピート音読してみましょう

リピート音声
🔊63

意味の区切りごとに、スクリプトを見ながら音声の後に続けてリピート音読しましょう。 **5回**

1	2	3	4	5

できるようになったら、何も見ずにリピート音読しましょう。 **5回**

1	2	3	4	5

STEP 3 オーバーラッピングしてみましょう

通常速度 1.2倍速
🔊62 🔊64

最初は通常の速度でオーバーラッピングしましょう。 **5回**

1	2	3	4	5

次に、1.2倍速でオーバーラッピングしましょう。 **5回**

1	2	3	4	5

計25回　達成 !!
日付　　　　／

本編で学んだ単語が聞き取れるか、空所を埋めてチャレンジしてみましょう。

1. I was _____ _____ you've _____ a

_____ about the floor tile samples I sent you.

2. The ceramic ones are very _____ and

_____ my _____.

3. I wish that _____ was _____ _____.

本編で出てきた単語やその他の単語を含んだ文を聞き取れるか、空所を埋めてチャレンジしてみましょう。

4. _____ _____ _____ catering would fit

within our _____.

5. _____ _____ _____ _____,

_____ wait for Mr. Fowler's _____

_____ _____ _____.

6. We are planning to _____ a _____ and

water-_____ travel bag this summer.

STEP 4

1. I was <u>wondering</u> <u>if</u> you've <u>made</u> a <u>decision</u> about the floor tile samples I sent you.
   私がお送りしたフロアタイルのサンプルについて決まったかなと思いまして。

2. The ceramic ones are very <u>attractive</u> and <u>within</u> my <u>budget</u>.
   セラミック製のものはとても魅力的で、予算の範囲内です。

3. I wish that <u>material</u> was <u>less</u> <u>expensive</u>.
   その素材がもっと安価であればいいのですが。

STEP 5

4. <u>I</u> <u>wonder</u> <u>if</u> catering would fit within our <u>budget</u>.
   ケータリングは、我々の予算に合うでしょうか。

5. <u>If I were you</u>, I'd wait for Mr. Fowler's <u>decision</u> <u>on</u> <u>the</u> <u>matter</u>.
   私があなたなら、この件に関する Fowler さんの判断を待ちます。

6. We are planning to <u>produce</u> a <u>durable</u> and water-<u>resistant</u> travel bag this summer.
   この夏、丈夫で水に強い旅行用バッグを作成する予定です。

◈ I wish...

I wish...は直訳すると「私は…を望む」という意味です。実際には実現する可能性が低いことや、事実に対し、「～ならいいのに」という現実とは異なる願望を表現する時に使います。例文3のように、wishの後ろに続くthat節の文は過去形となります。

◈ If I were you, I'd (I would)...

例文5は仮定法です。「もし私があなたなら、…するでしょう」という仮定の話をする時に使い、〈if I were you, I'd (I would)...〉と過去形で表現します。be動詞がwereになる点に気をつけ、お決まりフレーズとして覚えましょう。

◈ be planning to～

planは名詞で「計画」、動詞で「計画する」という意味です。例文6では動詞として使われています。動詞planの後ろにはto不定詞を続け、〈be planning to do：～することを計画している/予定している〉という意味になります。

音声を聞き、問題を解きましょう。

Moonlight Caterers
Invoice

Roasted Chicken Wraps	$42.99
Seared Tuna Sandwiches	$47.49
Mixed Seafood Platter	$44.35
Assorted Appetizer Platter	$38.99
Total	$173.82

---

65. What problem does the man mention?

(A) A credit card has expired.

(B) An order form has been misplaced.

(C) A meal was not prepared on time.

(D) A system is not working properly.

66. What does the woman say has changed?

(A) Additional appetizers will be needed.

(B) Less time is required for a meeting.

(C) Fewer people are attending an event.

(D) More staff will receive an invitation.

67. Look at the graphic. How much money will be refunded?

(A) $42.99

(B) $47.49

(C) $44.35

(D) $38.99

68

Questions 65 through 67 refer to the following conversation and invoice.

Woman: Hi, I'm calling from Herstle Electronics. Our catering order for our corporate luncheon was delivered by your business ten minutes ago. And we just realized we received only three trays. The one with tuna sandwiches is missing.

Man: Oh, I'm terribly sorry. There seems to be something wrong with our ordering system today. But we'll get it ready for you immediately, and as soon as the delivery person returns to our shop, we'll send him back with it.

Woman: Thanks, but that won't be necessary. Fewer people are now attending our lunch, so we have more than enough food already.

Man: OK, then what I'll do is refund your money for that tray via the credit card you paid with.

問題65〜67は次の会話と請求書に関するものです。

Moonlight Caterers

請求書

ローストチキン包み	42ドル99セント
炙りツナのサンドウィッチ	47ドル49セント
ミックスシーフード盛り	44ドル35セント
前菜盛り合わせ	38ドル99セント
合計	173ドル82セント

女性：Herstle Electronics からお電話しています。会社の昼食会のために注文したケータリングが10分前に御社から届きました。ただ、トレーを3枚しか受け取っていないことに気がつきました。ツナサンドの入ったトレーが1枚足りません。

男性：大変申し訳ございません。今日は注文システムに何か問題があるようです。でも、すぐにご用意いたしますので、配達員がお店に戻ってきたら、すぐにお届け致します。

女性：ありがとうございます。でもその必要はありません。ランチに参加する人が少なくなったので、食べ物はもう十分あります。

男性：そうですか、では、そのトレーの代金を、お客様がお支払いになったクレジットカードに返金いたします。

□ **catering** ケータリング（料理の準備や配膳をするサービス）
□ **corporate luncheon** 会社の昼食会
□ **missing** 見つからない　　□ **immediately** すぐに
□ **attend** 出席する　　　　 □ **refund** 返金する
□ **via** 〜を経由して　　　　□ **pay with 〜** 〜で支払う

65. 男性はどんな問題について述べていますか。

(A) クレジットカードの期限が切れている。

(B) 注文用紙が置き忘れられている。

(C) 食事が時間通りに準備されなかった。

(D) システムが正しく機能していない。

正解 (D)

注文したツナサンドのトレーが1枚足りないという女性からの連絡を受け、男性が There seems to be something wrong with our ordering system today.（今日は注文システムに何か問題があるようです。）と発言し、注文システムがきちんと機能していないことを伝えています。よって、正解は(D)です。

この発言の〈seem to + 動詞の原形〉は「～だと思われる」という意味です。確信は持てないけれど、状況を見たり聞いたりすることで、「～だと思われる」という判断をしていることを表現しています。元々は、There is something wrong with ～（～に問題がある）という頻出の定型文で、there の後ろに seems to を加えた形になっています。

66. 女性は何が変わったと言っていますか。

(A) 追加の前菜の追加が必要となる。

(B) 会議に必要な時間が少なくなる。

(C) イベントに参加する人が少なくなる。

(D) より多くのスタッフが招待状を受け取る。

正解 (C)

女性の発言からヒントが得られる問題です。足りなかったツナサンドのトレーを届けることを男性が提案すると、女性は Fewer people are now attending our lunch（ランチに参

加する人が少なくなりました。）と発言しています。Fewerは形容詞Few（少ない）にerを付け足した比較級です。ランチの参加者の人数が「より少ない」人数となり、人数に変更があったことがわかるため、正解は（C）です。

　女性の発言にある形容詞Fewer（より少ない）をこの機会にしっかり覚えましょう。例えば、<u>Fewer</u> convenience stores open 24 hours a day.（24時間営業のコンビニエンスストアは少なくなっています。）や<u>Fewer</u> children are playing outside.（外で遊ぶ子どもが少なくなっています。）のように使います。

67. 図を見てください。返金される金額はいくらですか。

(A) 42.99ドル

(B) 47.49ドル

(C) 44.35ドル

(D) 38.99ドル

正解 (B)

　男性が最後にwhat I'll do is refund your money for that tray via the credit card you paid with.（そのトレーの代金を、お客様がお支払いになったクレジットカードに返金いたします。）と発言しています。トレーの代金とは、今回女性に届けていないツナサンドのトレーの代金です。請求書を見るとツナサンドのトレーはSeared Tuna Sandwiches（炙りツナのサンドイッチ）と書かれており、料金は$47.49となっていることから、正解は（B）と判断できます。

　男性の発言にあるwhat I'll do is… という表現は、直訳すると「私が（これから）することは…」という意味です。文頭にWhatを用いた表現は他にもあります。例えば、What I can do is ～（私ができることは～）や、What he said is ～（彼が言ったことは～）のような表現があります。

🔊69

Woman: Hi, I'm calling from Herstle Electronics. //
Our catering order for our corporate luncheon / was delivered by your business / ten minutes ago. //
And we just realized / we received only three trays. //
The one with tuna sandwiches is missing.

Man: Oh, I'm terribly sorry. // There seems to be something wrong / with our ordering system today. //
But we'll **get it ready** for you immediately, / and as soon as the delivery person returns to our shop, / we'll **send him back with it**.

Woman: Thanks, / but **that won't be necessary**. //
Fewer people are now attending our lunch, / so we have more than enough food already.

Man: OK, then what I'll do is refund your money / for that tray / via the credit card / you paid with.

女性：Herstle Electronics からお電話しています。||
　　　会社の昼食会のために注文したケータリングが / 御社から届きました / 10分前に。||
　　　ただ、気がつきました / トレーを3枚しか受けとっていないことに。||
　　　ツナサンドの入ったトレーが1枚足りません。

男性：大変申し訳ございません。|| 何か問題があるようです / 今日は注文システムに。||
　　　でも、すぐにご用意いたしますので、/ 配達員がお店に戻ってきたら、/ 彼にそれを届けに戻らせます。

女性：ありがとうございます / でもその必要はありません。||
　　　ランチに参加する人が少なくなったので、/ 食べ物はもう十分あります。

男性：そうですか、では、返金いたします / そのトレーの代金を、/ クレジットカードに / お客様がお支払いになった。

　　※直訳に近い内容にしているため、前ページのスクリプト訳とは若干表現が異なります。

🗣 get it readyは音がつながるため、ゲディッレディのように発音しましょう。

🗣 send him back with itのhimですが、強勢が置かれていないhimはhが脱落し、send himがsendim（センディm）のような音になります。また、with itもつなげてウィズィットのように発音しましょう。

🗣 女性の2つ目のセリフに that won't be necessary とありますが、that の後ろのtやwon'tのtは発音せず、that won't beをザッウォンッビーのように発音します。

147

🚅 STEP 1　自分のペースで音読しましょう

通常速度 🔊**68**

音声を聞き、発音を丁寧に確認します。そして音をマネし、理解をしっかりしながら自分のペースで音読しましょう。

5回

1	2	3	4	5

🚅 STEP 2　リピート音読してみましょう

リピート音声 🔊**69**

意味の区切りごとに、スクリプトを見ながら音声の後に続けてリピート音読しましょう。　**5回**

1	2	3	4	5

できるようになったら、何も見ずにリピート音読しましょう。　**5回**

1	2	3	4	5

🚅 STEP 3　オーバーラッピングしてみましょう

通常速度 🔊**68**　1.2倍速 🔊**70**

最初は通常の速度でオーバーラッピングしましょう。　**5回**

1	2	3	4	5

次に、1.2倍速でオーバーラッピングしましょう。　**5回**

1	2	3	4	5

計25回　達成 !!
日付　　　　／

本編で学んだ単語が聞き取れるか、空所を埋めてチャレンジしてみましょう。

1. There seems to be _____ _____ _____ our ordering system today.

2. _____ people are now _____ our lunch.

3. What I'll do is _____ your money for that tray via the credit card you _____ _____.

本編で出てきた単語やその他の単語を含んだ文を聞き取れるか、空所を埋めてチャレンジしてみましょう。

4. I just _____ that I haven't received a _____ even though I canceled the _____ a week ago.

5. _____ _____ _____ the restaurant introduced its _____ service, they received several _____.

6. _____ local companies _____ their _____ through TV commercials these days.

STEP 4

1. There seems to be <u>something</u> <u>wrong</u> <u>with</u> our ordering system today.

   今日は注文システムに何か問題があるようです。

2. <u>Fewer</u> people are now <u>attending</u> our lunch.

   ランチに参加する人が少なくなりました。

3. What I'll do is <u>refund</u> your money for that tray via the credit card you <u>paid</u> <u>with</u>.

   そのトレーの代金を、お客様がお支払いになったクレジットカードに返金いたします。

STEP 5

4. I just <u>realized</u> that I haven't received a <u>refund</u> even though I canceled the <u>registration</u> a week ago.

   1週間前に登録をキャンセルしたにもかかわらず、まだ返金されていないことに気付きました。

5. <u>As</u> <u>soon</u> <u>as</u> the restaurant introduced its <u>catering</u> service, they received several <u>orders</u>.

   そのレストランがケータリングサービスを導入するとすぐに、いくつかの注文を受けました。

6. <u>Fewer</u> local companies <u>advertise</u> their <u>products</u> through TV commercials these days.

   最近では、テレビコマーシャルで商品を宣伝する地元企業は少なくなりました。

✖ paid with ～

　paid with ～で「～で支払う」という意味になり、支払いの方法を前置詞withで表しています。例文3の文末が前置詞で終わることに違和感のある人もいるかと思いますが、You paid with the credit card. (あなたはクレジットカードで支払った) の文のthe credit cardが先行詞として前に出されたため、withがそのまま残っている状態です。

　例えば、This is the house I lived in. (こちらは私が住んでいた家です) のような文も、I lived in the house. (私はその家に住んでいた) のthe houseが前に出され、前置詞inが後ろに残っている状態です。

✖ as soon as

　as soon asは〈as soon as 主語＋動詞～：主語が～するとすぐに〉のように使います。例文5ではas soon as の後ろにthe restaurant (主語) ＋ introduced (動詞) ＋ its catering service (目的語) と続いていますね。

(73)

音声を聞き、問題を解きましょう。

BRANTFORD PARK FESTIVAL

Food Stalls
Booth One
Outdoor Theater
Booth Two
Arts and Crafts Market
Booth Three
Booth Four
Parking Lot

68. Who most likely is the woman?

(A) A local musician

(B) A festival organizer

(C) A clothing designer

(D) A food supplier

69. Look at the graphic. Where will the man be working?

(A) At Booth One

(B) At Booth Two

(C) At Booth Three

(D) At Booth Four

70. What will the man probably do next?

(A) Display some clothing

(B) Walk to a station

(C) Put on a nametag

(D) Pick out a T-shirt

● 74

Questions 68 through 70 refer to the following conversation and map.

Woman: Thank you for volunteering to help out at this festival, Robert. Your main job will be assisting visitors.

Man: Well, I'm glad I can help out. Oh, do you know which booth I'll be stationed at?

Woman: Yes, you'll be collecting tickets for the musical performances over there by the theater.

Man: Great! Should I go there right away?

Woman: Wait a moment. All of us have to wear a T-shirt with the word "volunteer" printed on it. There are three sizes to pick from here in Booth Four. You should put one on now.

問題68～70は次の会話と地図に関するものです。

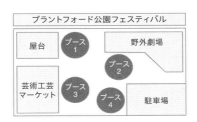

ブラントフォード公園フェスティバル

屋台	ブース1	野外劇場
芸術工芸マーケット	ブース3	ブース2
	ブース4	駐車場

女性：このフェスティバルで手伝うためにボランティアに参加してくれてありがとう、Robert。あなたの主な仕事は、来場者のサポートです。

男性：ええ、お手伝いできてうれしいです。そういえば、僕がどのブースに配属されるか知っていますか。

女性：ええ、あなたは劇場のそばで、向こうで行うミュージカルのチケットを集めるのよ。

男性：いいですね。すぐにそこへ向かうべきですか。

女性：ちょっと待ってね。私たちは全員、「ボランティア」とプリントされたTシャツを着なければなりません。ブース4にあって、サイズは3種類から選べます。今すぐ着てくださいね。

□ **volunteer to do** 自発的に・進んで～する

□ **assist** 手伝う

□ **station** 配置する

□ **musical performance** 演奏・ミュージカルパフォーマンス

□ **over there** 向こうで

□ **right away** すぐに

□ **put ～ on** ～を着る

68. 女性は誰だと考えられますか。

(A) 地元の音楽家

(B) フェスティバルの主催者

(C) 服飾デザイナー

(D) 食品業者

正解 (B)

女性は男性に対し、Thank you for volunteering to help out at this festival, Robert. Your main job will be assisting visitors. （このフェスティバルで手伝うためにボランティアに参加してくれてありがとう、Robert。あなたの主な仕事は、来場者のサポートです。）と作業内容を指示しています。続けて、男性に作業場所を指示を出していることから、正解は (B) だと判断できます。

名詞 volunteer は、日本語で"ボランティア"とそのまま使いますが、女性の発言では、動詞 volunteer が使われています。動詞 volunteer は〈volunteer to do：自発的に・進んで〜する〉という使い方を意識して音読しましょう。

69. 図を見てください。この男性はどこで働きますか。

(A) ブース1

(B) ブース2

(C) ブース3

(D) ブース4

正解 (B)

図表問題は、選択肢で問われている1〜4のブース近くにある施設を見ながら会話を聞きます。会話の中では、必ず地図にある施設について話すので、聞こえた施設とブース番号を

紐付けて答えを選びます。

　女性が男性に対し you'll be collecting tickets for the musical performances over there by the theater.(あなたは劇場のそばで、向こうで行うミュージカルのチケットを集めるのよ。)と指示しています。地図を見ると、Outdoor Theater (野外劇場)と書かれた付近にはBooth Two (ブース2) があることから、男性はそこで働くとわかります。よって正解は(B)です。

　最後にBooth Four (ブース4) と女性が言ったことで、(D) を選んでしまった人はいませんか。図表問題では、話者が選択肢に並んだ単語を言い、それが正解になることは絶対にありません。惑わされないように気をつけましょう。

70. 男性はおそらく次に何をしますか。

　　(A) 衣類を展示する

　　(B) 駅まで歩く

　　(C) 名札をつける

　　(D) Tシャツを選ぶ

正解 (D)

　最後に女性が、ボランティアの人たちは指定されたTシャツを着る必要があると説明し、There are three sizes to pick from here in Booth Four. You should put one on now.(ブース4にあって、サイズは3種類から選べます。今すぐ着てくださいね。)とTシャツを選びに行くことを男性に促しているため、正解は(D)です。

　正解の選択肢にあるpick out ～という表現は「選ぶ」という表現です。また、You should put one on.のput onは「着る」という動作を表しています。oneは選んだTシャツを指しています。

(75)

Woman: Thank you for volunteering / to **help out** at this festival, Robert. //
Your main job will be assisting visitors.

Man: Well, I'm glad I can **help out**. //
Oh, do you know / which booth / I'll be stationed at?

Woman: Yes, you'll be collecting tickets / for the musical performances over there / by the theater.

Man: Great! // Should I go there right away?

Woman: Wait a moment. // **All of us** have to wear a **T-shirt** / with the word "volunteer" printed on it. //
There are three sizes / to pick from here in Booth Four. //
You should put one on now.

女性：ボランティアに参加してくれてありがとう / このフェスティ
　　　バルで手伝うために、Robert。||
　　　あなたの主な仕事は、来場者のサポートです。

男性：ええ、お手伝いできてうれしいです。||
　　　そういえば、わかりますか / どのブースか / 僕が配属される
　　　のは。

女性：ええ、あなたはチケットを集めるのよ / 向こうで行うミュー
　　　ジカルの / 劇場のそばで。

男性：いいですね。|| すぐにそこへ向かうべきですか。

女性：ちょっと待ってね。|| 私たちは全員、Ｔシャツを着なければ
　　　なりません /「ボランティア」という言葉がプリントされ
　　　た。||
　　　サイズは３種類あります / ブース４のところから選べる。||
　　　今すぐ着てくださいね。

※直訳に近い内容にしているため、前ページのスクリプト訳とは若干表現が
　異なります。

🙂 2回出てくる help out ですが、ヘォパウ t のようにつなげ
て発音しましょう。help の l は弱く小さくは発音するため、
小さいオのような音になります。

🙂 女性の3つ目のセリフを見てみましょう。All of us は all
と of、of と us がそれぞれつながり、非常に難しい発音で
すね。オーゥロヴァスのように発音できるといいですね。
また、T-shirt ですが、"シャツ"とカタカナ英語にならな
いように気をつけましょう。shirt の発音記号は ʃɔ́:rt とな
るため、r が入る点を意識しましょう。最後の t はほぼ発
音しないため、ティーシャ r ッのような音になります。

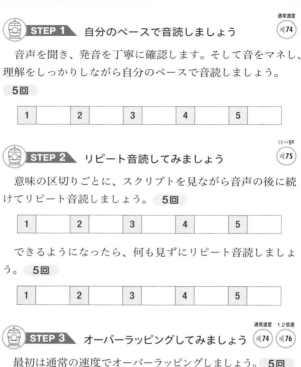

STEP 1 自分のペースで音読しましょう

通常速度
🔊74

音声を聞き、発音を丁寧に確認します。そして音をマネし、理解をしっかりしながら自分のペースで音読しましょう。

5回

| 1 | | 2 | | 3 | | 4 | | 5 | |

STEP 2 リピート音読してみましょう

リピート音声
🔊75

意味の区切りごとに、スクリプトを見ながら音声の後に続けてリピート音読しましょう。 5回

| 1 | | 2 | | 3 | | 4 | | 5 | |

できるようになったら、何も見ずにリピート音読しましょう。 5回

| 1 | | 2 | | 3 | | 4 | | 5 | |

STEP 3 オーバーラッピングしてみましょう

通常速度 1.2倍速
🔊74 🔊76

最初は通常の速度でオーバーラッピングしましょう。 5回

| 1 | | 2 | | 3 | | 4 | | 5 | |

次に、1.2倍速でオーバーラッピングしましょう。 5回

| 1 | | 2 | | 3 | | 4 | | 5 | |

計25回 達成 !!

日付 　　　／

本編で学んだ単語が聞き取れるか、空所を埋めてチャレンジしてみましょう。

1. Thank you for _____ _____ _____

_____ at this festival.

2. Do you know which booth I'll be _____

_____?

3. _____ _____ _____ have to wear a

T-shirt with the word "volunteer" _____ on it.

🚃 **STEP 5** 応用編 単語チェック 🔊78

本編で出てきた単語やその他の単語を含んだ文を聞き取れるか、空所を埋めてチャレンジしてみましょう。

4. Our marketing consultants _____ business

owners with _____ their businesses.

5. I don't believe that he will _____ _____

take on any _____ assignment.

6. Two _____ guards _____ _____

_____ the main gate of our headquarters.

STEP 4

1. Thank you for <u>volunteering</u> <u>to</u> <u>help</u> <u>out</u> at this festival.
   このフェスティバルで手伝うためにボランティアに参加してくれてありがとう。

2. Do you know which booth I'll be <u>stationed</u> <u>at</u>?
   僕がどのブースに配属されるか知っていますか。

3. <u>All</u> <u>of</u> <u>us</u> have to wear a T-shirt with the word "volunteer"
   <u>printed</u> on it.
   私たちは全員、「ボランティア」とプリントされたTシャツを着なければなりません。

STEP 5

4. Our marketing consultants <u>assist</u> business owners with
   <u>expanding</u> their businesses.
   私たちのマーケティングコンサルタントは、経営者のビジネス拡大をサポートします。

5. I don't believe that he will <u>volunteer</u> <u>to</u> take on any <u>additional</u>
   assignment.
   私は、彼が自ら進んで追加の仕事を引き受けるとは思えません。

6. Two <u>security</u> guards <u>are</u> <u>stationed</u> <u>at</u> the main gate of our
   headquarters.
   本社の正門には2人の警備員が常駐しています。

❌ be stationed at ～

　station は名詞で「駅」という意味がお馴染みですが、動詞で「～を配置する」という意味があります。station は元々、「(何かのために) 配置された人がいる場所」という意味です。バスが待機している a bus station (バスの停留所)、消防士が配置されている a fire station (消防署) や警察が配置されている a police station (警察署) をイメージすると「配置する」という動詞の意味を思い出しやすいかと思います。

❌ assist A with B

　〈assist A with B：AのB (仕事・活動) を助ける〉という型を使っています。「前置詞の後ろに動詞を入れる場合、動名詞にする必要がある」というルールがあるため、例文4では、前置詞 with の後ろは動名詞 expanding (拡大すること) になっています。

パート3 仕上げのトレーニング

STEP 1 音声を聞いて3つの問いに答えてみましょう

✓ 倍速で理解！

　まずは1.5倍速の音声が流れます。そして、各問いに自分で回答できるかを確かめてみましょう。3・4回聞いても難しいようなら、通常の速度の音声を聞きましょう。

✓ 自分自身の言葉で日本語回答！

　テキストに書かれた「完璧な回答」でなくても全く問題ありません。日本語で構わないので「こんな感じのことを言っていたかな？」ということを、まずは口に出してみましょう。3つの問いに対し、自分の言葉で説明しようとすることによって、自分がどのくらいその内容を理解できているかが確認できます。

　自分で説明することは、選択肢を選ぶことよりもずっと難易度が高いです。しかし、これができれば「英語を聞く力・理解する力」が身に付いている証拠です！

✓ 日本語回答を英語に変換！

　もし日本語で説明できるようなら、今度はそれを簡単な英語で答えてみましょう。本文で使われていた単語を並べるだけでもとてもいい練習になります。

STEP 2 ディクテーション＆穴埋めリピートを
してみましょう

✓ 1.2倍速の音声を聞いて、適宜自分で音声を止めながら、
別紙に空所を埋めるようにディクテーションしましょう。
本書の空所は、そのまま空所にしておいてください。空所
にあるカッコのついた数は、その空所に入る単語の数を示
しています。3・4回聞いてもわからない場合は、通常の
速度の音声でチャレンジしましょう。

✓ 次に、リピート音声の後に続いて空所を口頭で埋めなが
らリピートしましょう。文全体の意味を意識しながらリピ
ートしてくださいね。また、空所には複数の単語が入る場
合もあります。その場合はフレーズや英語の"カタマリ"
を意識しましょう。もし可能なら、「何も見ずにリピート」
に挑戦してください。

✓ より負荷をかけたい場合、AI英語教材 abceed のような
アプリを使い、1.5倍速や1.8倍速にして挑戦するのもオ
ススメです。

STEP 1　音声を聞いて、3つの問いに
答えてみましょう

1.5倍速　通常速度
79　1

Questions 32 through 34 refer to the following conversation.

32. Where is the conversation taking place?

33. What does the woman ask the man to do?

34. What does the man say he will do?

(解答は34・35ページ参照)

STEP 2　ディクテーション＆穴埋めリ
ピートをしてみましょう

1.2倍速　リピート音声
4　3

M: Man　W: Woman　（ ）の数字はワード数

M:　Hello, I'm James Torres. // ❶＿＿＿＿＿(5). //

　　❷＿＿＿＿(4) see Dr. Abbot at ten / but had

　　car trouble / ❸＿＿＿＿(4). // Could I see her

　　now?

W:　Actually, / someone just ❹＿＿＿＿ their

　　11:30 ❺＿＿＿＿. // But the doctor is with

　　another ❻＿＿＿＿ now. // So, ❼＿＿＿＿

　　you wait, / can you ❽＿＿＿＿(2) this

　　❾＿＿＿＿(3) for us?

M: Sure. // I just need to step outside / to

⑩————————(4) first. // My manager is

⑪———————— me back / at our office soon, /

so ⑫————————(5) / that I won't be there until

later.

165

STEP 1 音声を聞いて、3つの問いに
答えてみましょう

1.5倍速 通常速度

(80) (7)

Questions 35 through 37 refer to the following conversation.

35. What problem does the woman mention?

36. What does the man ask about?

37. What does the man say about the Montech 25-X?

(解答は44・45ページ参照)

STEP 2 ディクテーション＆穴埋め
ピートをしてみましょう

1.2倍速 リピート音声
(10) (9)

M: Man   W: Woman   （ ）の数字はワード数

W: Excuse me, / ❶————————(5) security camera /

for my shop. // The one I'm using now is old /

and sometimes doesn't ❷————————(2).

M: Well, / we ❸————————(4) cameras. // I can

❹———————— a few, / but first ❺————————(6) /

of how big your shop is?

W: Oh, I guess / it's about 150 square meters. //

And ⑥_____(3) / that captures images at

night / when ⑦_____(4).

M: In that case, / I ⑧_____ the Montech

25-X. // It's ⑨_____ / and

⑩_____. // It also sends video data /

straight to your computer or phone.

STEP 2 解答

❶ I'm looking for a replacement   ❷ turn on
❸ carry a variety of   ❹ recommend
❺ can you give me an idea   ❻ I'd like something
❼ the lights are off   ❽ recommend   ❾ affordable
❿ user-friendly

STEP 1 音声を聞いて、3つの問いに
答えてみましょう

1.5倍速　通常速度

Questions 38 through 40 refer to the following conversation.

38. Why did the woman call the man?

39. What does the man say about some staff members?

40. What does the man offer to do?

(解答は54・55ページ参照)

 STEP 2 ディクテーション＆穴埋めリ
ピートをしてみましょう

1.2倍速　リピート音声

M: Man　W: Woman　（　）の数字はワード数

W: Hello, this is Kim Williams / calling from Wolcott

Insurance. // We're ❶————(3) tomorrow

afternoon / with a ❷————(2) in Italy. //

Can you send someone / who speaks Italian /

to ❸————(3)?

M: Thank you for calling, / but I don't think

❹————(4). // ❺————(3) our

schedule, though. // Hmm… // Sorry, / all our

Italian speakers are ❻————.

W: That's too bad. // And ❼————————(2) any other
businesses / like yours / in town, are there?

M: I don't think so. // However, / a friend of mine is
a freelance interpreter / who speaks Italian. //
If you give me your number, / I'll ask her / to
❽————————(4) you.

STEP 1 音声を聞いて、3つの問いに
答えてみましょう

1.5倍速　通常速度

(82)　(19)

Questions 41 through 43 refer to the following conversation.

41. What industry does the woman work in?

42. What does the man want to do?

43. What does the woman advise the man to do?

（解答は64・65ページ参照）

 STEP 2 ディクテーション＆穴埋めり
ピートをしてみましょう

1.2倍速　リピート音声

(22)　(21)

M: Man　W: Woman　（ ）の数字はワード数

W: Good morning. // This is the Washington Visitors

Center. // ❶————————(5)?

M: Hi, I work for Horizons Travel / in Philadelphia. //

We're ❷————————(3) to Washington / by bus

on October 3, / and I'm calling / to

❸————————(2) you offer private tours in the

afternoon.

W: We do, sir. // However, / ❹————————(3) / so we

can ⑤——————— a guide ⑥———————. //

Would you like to ⑦———————(3) now?

M: All right. // My name is Mathew Wade, / and there'll be thirty-two of us altogether.

W: OK, we'll ⑧———————(2) for 2:00 P.M. // The guide will meet you here at the visitors center. // Oh, and please remember / that ⑨———————(2) our ⑩———————(2) is usually slow, / so you should try to arrive here / ⑪———————(3).

STEP 1 音声を聞いて、3つの問いに
答えてみましょう

1.5倍速 通常速度
83 25

Questions 44 through 46 refer to the following conversation.

44. What does the woman ask about?

45. Why will the woman go to Phoenix?

46. What will the man probably do next?

（解答は74・75ページ参照）

STEP 2 ディクテーション＆穴埋め
ピートをしてみましょう

1.2倍速 リピート音声
28 27

M: Man   W: Woman   （ ）の数字はワード数

W: David, it looks like we won't be able to meet

tomorrow / to discuss ❶——————(2) furniture

designs / with your design team. // Can we

❷——————(3) till next Monday?

M: No problem, / but is everything OK? // You said /

your schedule would be ❸———— open

this week.

W: That changed a minute ago. // The director

wants me to help / ❹————————₍₂₎ our grand

opening / in Phoenix.

M: Ah, I heard / ❺————————₍₃₎ open a new

branch there.

W: Yeah, well, / the local staff is ❻————————₍₂₎. //

They need help / ❼———————— the store's

layout and ❽————————, / so I'm flying out

there / tomorrow morning.

M: I see. // All right—I'll ❾————————₍₃₎ /

tomorrow's meeting is canceled.

STEP 2 解答

❶ the latest ❷ put that off ❸ fairly ❹ prepare for
❺ we're about to ❻ behind schedule ❼ organizing
❽ products ❾ let everyone know

STEP 1 音声を聞いて、3つの問いに
答えてみましょう

1.5倍速　通常速度
(84) (31)

Questions 47 through 49 refer to the following conversation with three speakers.

47. Where do the speakers most likely work?

48. What problem are the speakers discussing?

49. What will the man most likely do next?

（解答は84・85ページ参照）

STEP 2 ディクテーション＆穴埋め
ピートをしてみましょう

1.2倍速　リピート音声
(34) (33)

M: Man　W1: Woman 1　W2: Woman 2　（ ）の数字はワード数

W1: Matteo and Arisa, / I need your opinions. // Do

you think our brochure should ❶————(2)?

M: Um… Well, / one picture in it / shows an exhibit /

we no longer have.

W2: And the photo of the ❷———— / by the

❸———— / should ❹————(3) a better

shot.

W1: OK, can you check online for local designers /

that create ⑤——————? // Choose one / that

you think would best ⑥————— us.

W2: ⑦——————_(3) in particular / you want us to

⑧——————_(2)?

W1: Designers show ⑨————— of their work /

on their Web sites. // Hopefully, / you can find a

few / that really ⑩——————_(2).

M: I'll ⑪——————_(2) on that now.

175

 STEP 1 音声を聞いて、3つの問いに
答えてみましょう

1.5倍速 通常速度
(●85) (●37)

Questions 50 through 52 refer to the following conversation.

50. What did the woman do last week?

51. What does the man ask about?

52. What does the woman say is important to her?

（解答は94・95ページ参照）

 STEP 2 ディクテーション＆穴埋めリ
ピートをしてみましょう

1.2倍速 リピート音声
(●40) (●39)

M: Man W: Woman （ ）の数字はワード数

M: ❶—————(5) / at Alfox Logistics go, Kiara?

W: They offered me a job / as an ❷—————(2), / but I ❸—————(3) last week.

M: Really? // When you and I last spoke, / you ❹—————(3) / about working there. // Were the hours too long, / or was the salary too low?

W: No, they ❺—————(3) go to Rotterdam, / and the job will start sometime next month.

M: OK ... / but is that a problem? // I thought /

you'd always wanted to ⑥——————₍₂₎.

W: True. // But I'm taking night classes / at Delton

University. // ⑦—————— the course / is

⑧—————— to me.

M: I see. // Well, I'm sure you'll find ⑨——————₍₂₎ /

when you're done.

STEP 1 音声を聞いて、3つの問いに答えてみましょう

1.5倍速 通常速度
 86 43

Questions 53 through 55 refer to the following conversation.

53. Who most likely is the man?

54. What does the man ask the woman to do?

55. Why does the woman say, "It should give you plenty of new ideas"?

（解答は104・105ページ参照）

 STEP 2 ディクテーション＆穴埋めリピートをしてみましょう

1.2倍速 リピート音声
 46 45

M: Man　W: Woman　（ ）の数字はワード数

M: I'm Casey Miles, / and you're listening to KPTR Radio. // Joining me is Kimberly McGee, / whose ❶———— documentary, / ❷———— *Greener Ventures*, / will be on TV tomorrow evening. // Welcome, Kimberly.

W: Thank you.

M: Kimberly, could you tell us / ❸————(5)?

W: Sure. // It's about what companies can do / to become more ④＿＿＿＿(2).

M: OK, / and if you could give some ⑤＿＿＿＿(2) to business owners / listening right now, /

⑥＿＿＿＿(4)?

W: Well, using energy more efficiently / should be a key ⑦＿＿＿＿. // And there are lots of

⑧＿＿＿＿(2) / you can take / to

⑨＿＿＿＿(3). // *Greener Ventures*

⑩＿＿＿＿(2) many of them. // It should give

you ⑪＿＿＿＿(4).

STEP 1 音声を聞いて、3つの問いに
答えてみましょう

1.5倍速 通常速度

◀ 87 ◀ 49

Questions 56 through 58 refer to the following conversation.

56. What are the speakers discussing?

57. What does the woman say she is pleased about?

58. What will the speakers do next?

(解答は114・115ページ参照)

STEP 2 ディクテーション＆穴埋め
ピートをしてみましょう

1.2倍速 リピート音声
◀ 52 ◀ 51

M: Man　W: Woman　（ ）の数字はワード数

W: Kevin, there are two positions open / in the

❶—————————(2). // When Kelly Davis ❷————————

next month, / there will be three. // Of course,

it's up to us here in the ❸—————————(2) / to

❹————————— those as soon as possible.

M: We've already ❺————————— a dozen

❻————————— / since Friday. // Didn't anyone

tell you / that the hiring manager

❼—————————(4) / last Thursday?

W: No. // I ⑧——————— a training conference last

week, / but ⑨———————(5). // Have you

selected any ⑩———————(2) / for interviews?

M: Not yet. // But since we're ⑪———————(3) / to

hire new staff, / let's go over the ⑫———————

now.

STEP 1 音声を聞いて、3つの問いに
答えてみましょう

Questions 59 through 61 refer to the following conversation.

59. What does the woman have to finish by tomorrow?

60. What does the man imply when he says, "I've finished my assignment for today"?

61. What does the woman want to do?

（解答は124・125ページ参照）

 STEP 2 ディクテーション＆穴埋めリ
ピートをしてみましょう

1.2倍速　リピート音声
58　57

M: Man　W: Woman　（　）の数字はワード数

M: Hi, Cynthia. // I heard the hotel manager saying /

that you're creating a new ❶——————— for

our guests / that will help us ❷———————(3). //

He also ❸——————— / that you may

❹———————(3).

W: That's right— // ❺———————(6) by tomorrow, /

but I've been so ❻———————(3) tonight's

⑦——————— / in our hall / that I haven't had

time / to work on it yet.

M: Well, I've finished my ⑧——————— / for today.

W: Oh, I'm glad to hear that. // ⑨———————₍₃₎

make a list / of ⑩——————— questions

together? // We can go do that now / in the

staffroom, / where ⑪———————₍₆₎ here at the

front desk.

STEP 1 音声を聞いて、3つの問いに 答えてみましょう

1.5倍速　通常速度
🔊89　🔊61

Questions 62 and 64 refer to the following conversation and list.

Kitchen Floor Tiles	
Product Code	**Type**
FT-01	Ceramic
FT-02	Granite
FT-03	Marble
FT-04	Porcelain

62. What did the woman receive?

63. What is the woman concerned about?

64. Look at the graphic. Which product does the woman choose?

(解答は134・135ページ参照)

 STEP 2 ディクテーション＆穴埋め ピートをしてみましょう

1.2倍速　リピート音声
🔊64　🔊63

M: Man　W: Woman　（ ）の数字はワード数

M: Hello, Ms. Barnett. // It's Gary Morris

❶————————(2) Prima Remodeling. // I was

❷———————— / ❸———————— you've

❹————————(3) / about the floor tile samples / I

sent you.

W: Hi, Gary. // The ceramic ones are very

⑤———————— / and ⑥————————(3). // But I

often drop things / when cooking, / so I'm

⑦————————(2) cracking them.

M: Then if I were you, / I'd pick porcelain. // It's quite

⑧———————— / and stain ⑨————————. //

However, it's more ⑩———————— than the

others.

W: All right. // I wish that ⑪———————— was less

expensive, / but I'll go with it. // And thanks so

much for the advice.

STEP 1　音声を聞いて、3つの問いに答えてみましょう

 1.5倍速 90　通常速度 67

Questions 65 and 67 refer to the following conversation and invoice.

Moonlight Caterers	
Invoice	
Roasted Chicken Wraps	$42.99
Seared Tuna Sandwiches	$47.49
Mixed Seafood Platter	$44.35
Assorted Appetizer Platter	$38.99
Total	$173.82

65. What problem does the man mention?

66. What does the woman say has changed?

67. Look at the graphic. How much money will be refunded?

（解答は144・145ページ参照）

 STEP 2　ディクテーション＆穴埋めリピートをしてみましょう

1.2倍速 70　リピート音声 69

M: Man　W: Woman　（　）の数字はワード数

W:　Hi, I'm calling from Herstle Electronics. // Our

❶————————(2) for our ❷————————(2) / was

delivered by your business / ten minutes ago. //

And we just ❸———————— / we received only

three trays. // The one with tuna sandwiches is

④——————.

M: Oh, I'm terribly sorry. // There ⑤——————(5) /
with our ordering system today. // But we'll

⑥——————(3) for you immediately, / and as

soon as the delivery person ⑦——————(2) our

shop, / we'll ⑧——————(3) with it.

W: Thanks, / but that won't be necessary. // Fewer

people are now ⑨—————— our lunch, / so

we have more than enough food already.

M: OK, then what I'll do is ⑩—————— your

money / for that tray / via the credit card / you

⑪——————(2).

STEP 2 解答

❶ catering order ❷ corporate luncheon ❸ realized
❹ missing ❺ seems to be something wrong
❻ get it ready ❼ returns to ❽ send him back
❾ attending ❿ refund ⓫ paid with

STEP 1 音声を聞いて、3つの問いに
答えてみましょう

1.5倍速　通常速度
◀91　◀73

Questions 68 through 70 refer to the following conversation and map.

BRANTFORD PARK FESTIVAL

Food Stalls	Booth One	Outdoor Theater
Arts and Crafts Market	Booth Three	Booth Two
	Booth Four	Parking Lot

68. Who most likely is the woman?

69. Look at the graphic. Where will the man be working?

70. What will the man probably do next?

（解答は154・155ページ参照）

 STEP 2 ディクテーション＆穴埋めり
ピートをしてみましょう

1.2倍速　リピート音声
◀76　◀75

M: Man　W: Woman （ ）の数字はワード数

W: ❶—————(4) / to ❷—————(2) at this

festival, Robert. // Your main job will be

❸—————(2).

M: Well, ❹————————₍₆₎. // Oh, do you know /

which booth / I'll be ❺————————₍₂₎?

W: Yes, you'll be collecting tickets / for the musical

performances over there / by the theater.

M: Great! // ❻————————₍₄₎ right away?

W: Wait a moment. // ❼————————₍₃₎ have to

❽————————₍₃₎ / with the word "volunteer"

❾————————₍₂₎ it. // There are three sizes /

to ❿————————₍₃₎ in Booth Four. // You should

⓫————————₍₃₎ now.

第3章

パート4で
トレーニング

さぁ、没頭しよう
このまま一途に
音読!

(▶92)

音声を聞き、問題を解きましょう。

71. What does the speaker say about the table?

(A) It has been repaired.

(B) It has a modern style.

(C) It is being assembled.

(D) It is currently on sale.

72. What did the speaker do for Mr. Owens?

(A) She explained a new procedure.

(B) She ordered a part from England.

(C) She found an older model.

(D) She consulted with an expert.

73. Why does the speaker want Mr. Owens to call her back?

(A) To provide a delivery address

(B) To check some specifications

(C) To notify her about a pick-up time

(D) To verify his credit card number

93

Questions 71 through 73 refer to the following telephone message.

Hi, Mr. Owens. This is Carol Hughes calling from Angelo's Restorations. Your table is ready to be picked up. We fixed the broken leg and removed the scratches. The whole thing looks brand new. Oh, you were wondering how old it is. Well, I asked an expert in antique furniture, and he's certain it was made in England about one hundred years ago. It's rare and quite valuable. Please give us a call back to let us know when you'll be coming by for it. Thank you.

問題71～73は次の電話のメッセージに関するものです。

こんにちは、Owens さん。Angelo's Restorations の Carol Hughes です。お客様のテーブルはお引き取りの準備ができています。折れた脚を直し、傷を取り除きました。全体的に新品のようになっています。どれくらい古いのか気になっていましたね。アンティーク家具の専門家に聞いたところ、100年ほど前にイギリスで作られたものだそうです。珍しくて貴重ですね。いつご来店するかを折り返しのお電話にてご連絡ください。ありがとうございました。

- □ **pick up**　受け取る
- □ **remove**　取り除く
- □ **scratch**　傷
- □ **whole**　全体の
- □ **brand new**　新品の
- □ **expert**　専門家
- □ **certain**　確かな
- □ **valuable**　貴重な
- □ **come by**　立ち寄る

71. 話し手はテーブルについて何と言っていますか。

(A) 修理された。

(B) 現代的なスタイルである。

(C) 組み立て中である。

(D) 現在販売中である。

正解 (A)

テーブルの受け取りの準備ができたことを伝え、We fixed the broken leg and removed the scratches. The whole thing looks brand new. (折れた脚を直し、傷を取り除きました。全体的に新品のようになっています。) と伝えています。よって正解は (A) です。

TOEIC の世界ではモノがよく壊れるため、ここで使われている動詞 fix や動詞 repair のような「直す」という単語が頻出します。また、ここでは、look brand new のように〈look ＋形容詞：〜のように見える〉という型が使われています。

72. 話し手は Owens さんのために何をしましたか。

(A) 新しい手順を説明した。

(B) イギリスから部品を取り寄せた。

(C) 古いモデルを見つけた。

(D) 専門家に相談した。

正解 (D)

Owens さんが、修理に出したテーブルがどのくらい古いのかを気にかけていたことを受け、話し手は I asked an expert in antique furniture (アンティーク家具の専門家に聞いた) と伝えているため、正解は (D) です。

ここでは名詞 expert (専門家) の後に、前置詞 in を置き、「ど

のような分野の専門家なのか」をinの後ろで説明しています
ね。このような前置詞inの使い方は、specialize in 〜（〜を
専門に扱う）でも見られます。The book store specializes in
children's books.（その本屋は児童書を専門としています。）のよ
うに使い、この場合も、どの分野を専門としているかを前置
詞in以降で説明しています。

73. なぜ話し手はOwensさんに折り返しの電話をかけてもらい
たいのですか。

(A) 配達先の住所を伝えるため

(B) いくつかの仕様を確認するため

(C) 受け取り時間を知らせるため

(D) クレジットカードの番号を確認するため

正解 (C)

　テーブルの修理を終えたことを伝え、最後にPlease give
us a call back to let us know when you'll be coming by
for it.（いつご来店するかを折り返しのお電話にてご連絡ください。）
と述べています。テーブルを受け取る日時を確認するために
折り返しの電話をしてほしいと判断できるため、正解は(C)
です。

　Please give us a call back to let us know when you'll
be coming by for it.（いつご来店するかを折り返しのお電話にて
ご連絡ください。）のcome byというフレーズは「立ち寄る」とい
う意味です。前置詞byには「そばに」という意味があるた
め、「そばまで来る」というイメージを持つと覚えやすいです
ね。また、come byの他にstop by 〜やdrop by 〜も「〜に
立ち寄る」という意味で頻出です。

94

Hi, Mr. Owens. // This is Carol Hughes calling from Angelo's Restorations. //

Your table is ready to be picked up. // We fixed the broken leg / and removed the scratches. // The whole thing looks brand new. //

Oh, you were wondering how old it is. // Well, I asked an expert / in antique furniture, / and he's certain it was made in England / about one hundred years ago. //

It's rare and quite valuable. // **Please give us a call back** / to **let us know** / when you'll be coming by for it. //

Thank you.

こんにちは、Owens さん。// Angelo's Restorations の Carol Hughes です。//

お客様のテーブルはお引き取りの準備ができています。// 折れた脚を直し、/ 傷を取り除きました。// 全体的に新品のようになっています。//

どれくらい古いのか気になっていましたね。//

専門家に聞いたところ / アンティーク家具の / イギリスで作られたものだそうです / 100年ほど前に。//

珍しくて貴重ですね。// 私たちに折り返しお電話ください / 知らせるために / いつご来店するかを。//

ありがとうございました。

> ※直訳に近い内容にしているため、前ページのスクリプト訳とは若干表現が異なります。

🙂 Please give us a call back の give us a call は互いの単語が連結し、ギヴァスァ (give us a)・コーゥ (call) のような音になります。call はコールという発音ではなく、l の部分はどちらかというとウに近い音になります。

🙂 let us know は let us の音がつながり、レッタスという音になります。ここの Please give us a call back 〜 when you'll be coming by for it. のセリフですが、Please give us a call back (私たちに折り返しお電話ください) ⇨ (なぜ?) ⇨ to let us know (私たちに知らせるために) ⇨ (何を?) ⇨ when you'll be coming by for it. (いつご来店するかを) のように、情報を付け足していく意識を持ちましょう。

STEP 1 自分のペースで音読しましょう

通常速度 🔊93

音声を聞き、発音を丁寧に確認します。そして音をマネし、理解をしっかりしながら自分のペースで音読しましょう。 **5回**

| 1 | 2 | 3 | 4 | 5 | |

STEP 2 リピート音読してみましょう

リピート音声 🔊94

意味の区切りごとに、スクリプトを見ながら音声の後に続けてリピート音読しましょう。 **5回**

| 1 | 2 | 3 | 4 | 5 | |

できるようになったら、何も見ずにリピート音読しましょう。 **5回**

| 1 | 2 | 3 | 4 | 5 | |

STEP 3 オーバーラッピングしてみましょう

通常速度 1.2倍速 🔊93 🔊95

最初は通常の速度でオーバーラッピングしましょう。 **5回**

| 1 | 2 | 3 | 4 | 5 | |

次に、1.2倍速でオーバーラッピングしましょう。 **5回**

| 1 | 2 | 3 | 4 | 5 | |

計25回　達成 !!
日付　　　／

本編で学んだ単語が聞き取れるか、空所を埋めてチャレンジしてみましょう。

1. Your table is _____ to be _____ _____.

2. We _____ the broken leg and _____

the _____.

3. you were _____ how old it is.

本編で出てきた単語やその他の単語を含んだ文を聞き取れるか、空所を埋めてチャレンジしてみましょう。

4. Who is going to _____ _____ our new

_____ at the airport?

5. _____ _____ _____ _____ in the

seminar was _____, and the speaker was

very well _____.

6. Could you _____ me a _____ _____ to

_____ _____ _____ when you are

_____?

STEP 4

1. Your table is <u>ready</u> to be <u>picked up</u>.
   お客様のテーブルはお引き取りの準備ができています。

2. We <u>fixed</u> the broken leg and <u>removed</u> the <u>scratches</u>.
   折れた脚を直し、傷を取り除きました。

3. You were <u>wondering</u> how old it is.
   どれくらい古いのか気になっていましたね。

STEP 5

4. Who is going to <u>pick up</u> our new <u>client</u> at the airport?
   私たちの新しい顧客を空港に迎えに行くのは誰ですか。

5. <u>All of the</u> <u>information</u> in the seminar was <u>valuable</u>, and the speaker was very well <u>organized</u>.
   セミナーの情報はどれも貴重で、講演者もとてもてきぱきとしていました。

6. Could you <u>give</u> me a <u>call</u> <u>back</u> to <u>let me know</u> when you are <u>available</u>?
   ご都合のつく時間をお知らせいただくために、折り返し電話をいただけますか。

❎ pick up 〜

pick upはさまざまな意味に訳すことができます。例文1では「引き取る（受け取る）」の意味で使われ、例文4では「（人を）迎えにいく」という意味で使われています。カジュアルな表現だと、日本語では「車で（人を）拾う」という言い方もしますね。

pick upのイメージとして「つまんで (pick) 拾い上げる (up) ⇨自分の手元に引き寄せる」と考えると、どの場面でもイメージが湧きますね。

❎ how old it is

例文3の〈how＋形容詞＋主語＋動詞〉の形に注目しましょう。how old it is（それがどれくらい古いか）の部分が、動詞wonderの目的語となっています。例えば、I know <u>how great</u> your English is. (私はあなたの英語がどれくらい素晴らしいかを知っています。) のようにも使えます。ここでは動詞knowの目的語になっています。

(98)

音声を聞き、問題を解きましょう。

74. Which department do the listeners most likely work in?

(A) Building security
(B) Publicity
(C) Customer service
(D) Human resources

75. According to the speaker, what did Edith Harris recently do?

(A) She started a company.
(B) She visited a university.
(C) She applied for a job.
(D) She published a book.

76. What are the listeners reminded to do?

(A) Turn off their phones
(B) Write down their names
(C) Follow some signs
(D) Come to work early

◀99

Questions 74 through 76 refer to the following introduction.

Hello, everyone. I'd like to introduce Edith Harris. She's here to talk about the best ways you can respond to inquiries and address complaints from our customers. She's visited quite a few companies over the years and has educated a lot of employees on how to communicate well with customers. In fact, she published her latest book on this topic just last month. This morning, she'll focus on how you can handle different kinds of calls. But before Ms. Harris gets started, I want to remind everyone to sign the attendance sheet, which is being passed around now. Thank you.

問題74～76は次の紹介に関するものです。

皆さん、こんにちは。Edith Harris さんをご紹介したいと思います。彼女にはお客様からのお問い合わせや苦情に対応するための最良の方法についてお話しいただきます。彼女はこれまでに多くの企業を訪問し、お客様との上手なコミュニケーション方法について多くの社員を教育してきました。実は先月、このテーマで最新の本を出版したばかりなのです。今朝は、さまざまな種類の電話にどのように対応すればよいのかについて焦点を当ててもらいます。しかし、Harris さんが話を始める前に、今、回しているアテンダンスシートへのサインを皆さんにお願いしたいと思います。ありがとうございます。

- □ **way** 方法
- □ **inquiry** 質問
- □ **address** 取り組む・対処する
- □ **complaint** 不満
- □ **customer** 客
- □ **educate** 教育する
- □ **employee** 従業員
- □ **communicate** （情報の）やり取りをする
- □ **publish** 出版する
- □ **latest** 最新の
- □ **focus on ～** ～に焦点をあてる
- □ **handle** 対処する
- □ **get started** 始める
- □ **sign** サインする
- □ **attendance sheet** 出席表
- □ **pass around** 順に回す

74. 聞き手はどの部署で働いていると考えられますか。

    (A) ビルのセキュリティ

    (B) 広報

    (C) 顧客サービス

    (D) 人事

正解 (C)

　話し手がゲストスピーカーを紹介する際に、She's here to talk about the best ways you can respond to inquiries and address complaints from our customers. (彼女にはお客様からのお問い合わせや苦情に対応するための最良の方法についてお話しいただきます。) と聞き手に伝えています。この発言から、聞き手はお客様への対応を求められる部署で働いている人だと判断できるため、正解は (C) です。

　名詞 inquiries は「質問」という意味で、questions と同義語です。TOEIC ではよく言い換えられます。ここでは respond to inquiries / questions (質問に対応する) というフレーズで覚えておきましょう。

75. 話し手によると、Edith Harris は最近何をしましたか。

    (A) 会社を設立した。

    (B) 大学を訪問した。

    (C) 仕事に応募した。

    (D) 本を出版した。

正解 (D)

　話し手は she published her latest book on this topic just last month. (先月、このテーマで最新の本を出版したばかりなのです。) とゲストスピーカーである Edith Harris さんが先月本を

出版したことについて話しています。よって正解は(D)です。

形容詞latestは「最新の」という意味で、TOEICで頻出です。形容詞late（遅い）にestを加え、最上級（一番遅い）の形になっていますね。「一番遅い⇨一番遅くに発売される⇨最新」と考えるとわかりやすいですね。

76. 聞き手は何をするように念を押されていますか。

    (A) 携帯電話の電源を切る

    (B) 自分の名前を書く

    (C) いくつかのサインに従う

    (D) 早く出勤する

正解 (B)

話し手がI want to remind everyone to sign the atten-dance sheet（アテンダンスシートへのサインを皆さんにお願いしたいと思います）と伝えています。この発言のremindは〈remind 人 to do：人に〜するように思い出させる〉という型を用いています。アテンダンスシートへ自分の名前を書くことを促しているとわかるため、正解は(B)です。

この〈remind 人 to do〉の型を頭に刷り込むように音読すると、remindと聞いた瞬間に、その後に続く〈人 to do〉という流れを待ち構えることができ、聞くことや理解することに余裕が生まれます。ぜひ"型"を意識して音読しましょう。

(100)

Hello, everyone. // I'd like to introduce Edith Harris. //

She's here / to talk about the best ways / you can **respond to** inquiries / and **address** complaints **from** our customers. //

She's visited quite a few companies / over the years / and has educated a lot of employees / on how to communicate well / with customers. //

In fact, she published her latest book / on this topic / just last month. //

This morning, / she'll **focus on** / **how you can handle different kinds of calls**. //

But before Ms. Harris gets started, / I want to remind everyone / to sign the attendance sheet, / which is being passed around now. //

Thank you.

皆さん、こんにちは。// Edith Harris さんをご紹介したいと思います。//

彼女はここにいます / 最良の方法についてお話しするために / 皆さんがお問い合わせに答えたり / お客様からの苦情に対応するための。//

彼女は多くの企業を訪問し / 長年にわたり / そして多くの社員を教育してきました / 上手なコミュニケーション方法について / お客様との。//

実は最新の本を出版したばかりなのです / このテーマで / ちょうど先月。//

今朝は、/ 焦点を当ててもらいます / さまざまな種類の電話にどのように対応すればよいのかについて。//

しかし、Harris さんが話を始める前に、/ 皆さんにお願いしたいと思います / アテンダンスシートへのサインを / 今、回している。//

ありがとうございます。

※直訳に近い内容にしているため、前ページのスクリプト訳とは若干表現が異なります。

🗣 you can respond to inquires の respond to の部分は、respond の d の音が脱落します。そのため、リスパントゥのような音になります。

🗣 address は、アドレスと日本語のカタカナ読みにならないように気をつけましょう。dre の部分はデュレのような音に近くなります。from はフロームではなく、発音記号は frəm です。そのため、フラムのような弱く短い音となります。

🗣 focus on how you can handle... は、前置詞 on の後ろに〈how（疑問詞）＋主語＋動詞＋目的語〉という並びで続くことを意識しましょう。

STEP 1　自分のペースで音読しましょう

通常速度 🔊99

音声を聞き、発音を丁寧に確認します。そして音をマネし、理解をしっかりしながら自分のペースで音読しましょう。

5回

1		2		3		4		5	

STEP 2　リピート音読してみましょう

リピート音声 🔊100

意味の区切りごとに、スクリプトを見ながら音声の後に続けてリピート音読しましょう。　**5回**

1		2		3		4		5	

できるようになったら、何も見ずにリピート音読しましょう。　**5回**

1		2		3		4		5	

STEP 3　オーバーラッピングしてみましょう

通常速度 1.2倍速 🔊99 🔊101

最初は通常の速度でオーバーラッピングしましょう。　**5回**

1		2		3		4		5	

次に、1.2倍速でオーバーラッピングしましょう。　**5回**

1		2		3		4		5	

計25回　達成 !!	
日付	／

STEP 4 復習編　単語チェック (102)

本編で学んだ単語が聞き取れるか、空所を埋めてチャレンジしてみましょう。

1. She _____ her _____ book on this topic just last month.

2. She'll _____ _____ how you can _____ different kinds of calls.

3. I want to _____ everyone _____ _____ the attendance sheet.

STEP 5 応用編　単語チェック (103)

本編で出てきた単語やその他の単語を含んだ文を聞き取れるか、空所を埋めてチャレンジしてみましょう。

4. Mr. Williams will talk about _____ _____ _____ to _____ _____ _____.

5. The company needs to _____ its _____ _____ _____ _____ use the new software.

6. These _____ are _____, so please _____ them with care.

STEP 4

1. She published her latest book on this topic just last month.
   先月、彼女はこのテーマで最新の本を出版したばかりなのです。

2. She'll focus on how you can handle different kinds of calls.
   さまざまな種類の電話にどのように対応すればよいのかについて焦点を当ててもらいます。

3. I want to remind everyone to sign the attendance sheet.
   アテンダンスシートへのサインを皆さんにお願いしたいと思います。

STEP 5

4. Mr. Williams will talk about the best ways to address customer complaints.
   William さんは、顧客の苦情に対処するための最良の方法について話します。

5. The company needs to educate its employees on how to use the new software.
   会社は従業員に新しいソフトウェアの使い方を教育する必要があります。

6. These parcels are fragile, so please handle them with care.
   これらの小包は壊れやすいので、丁寧に扱ってください。

✕ educate A on B

educate A on Bは「BについてAに教える/教育する」という意味です。ちなみに、名詞はeducationで「教育」という意味です。前置詞onは"接触"のイメージを持ちましょう。「onの後ろに続くトピックに関して」という意味で、例文5では教育する内容について触れています。また、前置詞onはresearch on ～（～に関する研究）やseminar on ～（～に関するセミナー）のように使うことができます。

✕ how to ～

〈how to +動詞の原形：～する方法/～の仕方〉という型です。例文5ではhow to use the new software（新しいソフトウェアの使い方）という使い方をしています。日本語でも、何かの「やり方や方法」について書いた本を「ハウツー本」と呼びますね。

音声を聞き、問題を解きましょう。

77. What class does the speaker teach?

(A) Cooking
(B) Fitness
(C) Pottery
(D) Painting

78. Why will the listeners be divided into groups?

(A) Some students do not have tools.
(B) Part of the class has experience.
(C) A classroom is too small.
(D) Some students will leave early.

79. What must the listeners do before seven o'clock?

(A) Clean a room
(B) Choose a design
(C) Wash some pots
(D) Review some guidelines

(105)

Questions 77 through 79 refer to the following talk.

Welcome to our first pottery class here at the community center. I'm Sarah, your instructor, and this is my assistant, Aaron. First, we're going to gather around that table with all the tools on it. I'll explain the function of each tool and how to use it properly. After that, I'll separate you into groups. Some of you are beginners, so Aaron will be going over the basics with your group today. For those of you who've made pottery before, I'll be reviewing a few techniques with your group at that table over there. Oh, one more thing… There'll be another class right after this one, so we'll have to tidy up before seven o'clock.

問題77〜79は次の話に関するものです。

ようこそ、このコミュニティセンターでの初めての陶芸教室へ。私はインストラクターの Sarah、こちらはアシスタントの Aaron です。まず最初に、全ての道具が置いてあるテーブルの周りに集まっていただきます。それぞれの道具の機能と正しい使い方を説明します。その後、皆さんをグループに分けます。皆さんの中には初心者の方もいらっしゃるので、今日は Aaron がそのグループには基本的なことを説明します。陶芸の経験がある人には、向こうのテーブルでグループごとにいくつかのテクニックを確認してもらいます。あと、もう一つ。この後にすぐに別のクラスがあるので、7時前には片付けないといけませんね。

□ **pottery**　陶器
□ **gather around 〜**　〜の周りに集まる
□ **function**　機能・働き
□ **properly**　適切に
□ **separate 〜 into…**　〜を…に分ける
□ **go over 〜**　〜を説明する・(学ぶために) 〜を練習する
□ **review**　見直す
□ **over there**　向こうで
□ **tidy up**　きれいに片付ける

77. 話し手は何のクラスを教えていますか。

(A) 料理

(B) フィットネス

(C) 陶芸

(D) 絵画

正解 (C)

話し手が聞き手に対し、Welcome to our first pottery class here at the community center. (ようこそ、このコミュニティセンターでの初めての陶芸教室へ。) と述べています。陶芸クラスに参加している人たちへの挨拶だとわかるため、正解は (C) です。

TOEIC では art class (アートクラス) や pottery class (陶芸クラス) のような単語が出てくることがあります。art class 関連では water painting (水彩画) が出てきたこともありました。TOEIC で出てくる単語は決してビジネス用語だけとは限りませんね。

78. なぜ聞き手はグループに分けられますか。

(A) 道具を持っていない生徒がいるから。

(B) クラスの一部は経験があるから。

(C) 教室が小さすぎるから。

(D) 何人かの生徒は早く帰るから。

正解 (B)

話し手が参加者をグループに分けることを説明し、初心者はアシスタントの Aaron から基本的なことを学ぶ一方、経験がある参加者に対しては、I'll be reviewing a few techniques with your group at that table over there. (向こうのテーブル

でグループごとにいくつかのテクニックを確認してもらいます。) と述べています。よって、グループに分けるのは、クラスの中に初心者と経験者がいるためだとわかるので、(B) が正解です。

発言の中で For those of you who've made pottery before (陶芸の経験がある人には) とありますが、この those は people (人々) を表します。形容詞句や分詞句を伴い、または関係代名詞 who の先行詞として「〜する人々」の意味を表します。ここでは who 以降に「以前陶芸を作ったことがある (人々)」と説明を続けています。

79. 7時までに聞き手は何をしなければなりませんか。

(A) 部屋をきれいにする

(B) デザインを選ぶ

(C) ポットを洗う

(D) ガイドラインを見直す

正解 (A)

最後に There'll be another class right after this one, so we'll have to tidy up before seven o'clock. (この後にすぐに別のクラスがあるので、7時前には片付けないといけませんね。) と述べていることから、使っている部屋を7時までに片付ける必要があると伝えています。よって正解は (A) です。

tidy up (片付ける) は TOEIC だけではなく日常生活でも頻繁に使われるフレーズです。例えば、tidy up the table (テーブルを片付ける) や tidy up the room (部屋を片付ける) のようにも使うことができます。

Welcome to our first pottery class here / at the community center. //

I'm Sarah, your instructor, / and this is my assistant, Aaron. //

First, we're going to gather around that table / with all the tools on it. //

I'll explain the function of each tool / and how to use it properly. //

After that, / **I'll separate** you into groups. // **Some of you** are beginners, / so Aaron will be going over the basics / **with your group** today. //

For **those of you** who've made pottery before, / **I'll** be reviewing a few techniques / **with your group** / at that table over there. //

Oh, one more thing… // **There'll** be another class right after this one, / so **we'll** have to tidy up / before seven o'clock.

ようこそ、初めての陶芸教室へ / このコミュニティセンターでの。||

私はインストラクターの Sarah、/ こちらはアシスタントの Aaron です。||

まず最初に、テーブルの周りに集まっていただきます / 道具が置いてある。||

それぞれの道具の機能を説明します / そして正しく使う方法を。||

その後、/ 皆さんをグループに分けます。||

皆さんの中には初心者の方もいらっしゃるので、/ Aaron が基本的なことを説明します / 今日はそのグループには。||

陶芸を以前行った経験がある人には、/ いくつかのテクニックを確認してもらいます / グループごとに / 向こうのテーブルで。||

あと、もうひとつ。|| この後にすぐに別のクラスがあるので / 片付けないといけませんね / 7時前には。

※直訳に近い内容にしているため、前ページのスクリプト訳とは若干表現が異なります。

🧑 I'll や there'll、we'll と、will の短縮形が使われていますね。I'll はアイルとハッキリ発音せずに、アィゥのような短い音になります。また、there'll はゼゥ、we'll はウィゥのように発音します。

🧑 動詞 separate の発音記号は séparèit (セパレイト) で、前に強勢がある点に注意しましょう。

🧑 some of you や those of you は3つの単語の音が互いにつながり、それぞれサモフユー、ゾーゾブユーのような音になります。with your group が2回出てきます。with your の部分は音がつながり、ウィズュァのような音になります。

STEP 1 自分のペースで音読しましょう

通常速度 ((105

　音声を聞き、発音を丁寧に確認します。そして音をマネし、理解をしっかりしながら自分のペースで音読しましょう。

5回

1	2	3	4	5

STEP 2 リピート音読してみましょう

リピート音声 ((106

　意味の区切りごとに、スクリプトを見ながら音声の後に続けてリピート音読しましょう。　**5回**

1	2	3	4	5

　できるようになったら、何も見ずにリピート音読しましょう。　**5回**

1	2	3	4	5

STEP 3 オーバーラッピングしてみましょう

通常速度 ((105　1.2倍速 ((107

　最初は通常の速度でオーバーラッピングしましょう。　**5回**

1	2	3	4	5

　次に、1.2倍速でオーバーラッピングしましょう。　**5回**

1	2	3	4	5

計25回　達成 !!
日付　　　　／

本編で学んだ単語が聞き取れるか、空所を埋めてチャレンジしてみましょう。

1. We're going to _____ _____ that table.

2. I'll explain the _____ of each tool and _____ _____ use it _____.

3. We'll have to _____ _____ before seven o'clock.

本編で出てきた単語やその他の単語を含んだ文を聞き取れるか、空所を埋めてチャレンジしてみましょう。

1. I _____ that the community center will be _____ some _____ classes in April.

2. Everyone will be _____ _____ two groups, which will _____ _____ trash in different areas.

3. We will need to _____ _____ our _____ before the large _____ arrives.

STEP 4

1. We're going to <u>gather</u> <u>around</u> that table.
   テーブルの周りに集まっていただきます。

2. I'll explain the <u>function</u> of each tool and <u>how</u> to use it <u>properly</u>.
   それぞれの道具の機能と正しい使い方を説明します。

3. We'll have to <u>tidy</u> <u>up</u> before seven o'clock.
   7時前には片付けないといけませんね。

STEP 5

4. I <u>heard</u> that the community center will be <u>holding</u> some <u>pottery</u> classes in April.
   4月にコミュニティセンターで陶芸教室が開かれると聞きました。

5. Everyone will be <u>separated</u> <u>into</u> two groups, which will <u>pick</u> <u>up</u> trash in different areas.
   皆さんは2つのグループに分かれて、それぞれ別の場所でゴミを拾います。

6. We will need to <u>tidy</u> <u>up</u> our <u>warehouse</u> before the large <u>shipment</u> arrives.
   大量の荷物が到着する前に、倉庫を整理しなければなりません。

✖ hold

　動詞holdは「〜を開催する」という意味で、TOEICで頻出です。例文4のように教室やセミナー、会議などを目的語に置きます。また、The seminar will <u>be held</u> next week. (セミナーが来週開催されます。) のように受動態で使う場合も多々あります。

✖ separate A into B

　〈separate A into B：AをBに分ける〉という型です。前置詞intoは移動のイメージを持つといいでしょう。例文5では、Everyone will be separated into two groups (皆さんは2つのグループに分かれます) とAを主語に置き、A <u>be separated</u> into Bと受動態になっています。

✖ shipment

　例文6では、shipment は名詞「貨物・積荷」という意味です。また、「出荷」という意味があるのも覚えておきましょう。例えば、We need to postpone the <u>shipment</u>. (我々は出荷を延期しなければいけません。) のように使います。動詞shipは「出荷する・発送する」という意味で頻出です。

(110)

音声を聞き、問題を解きましょう。

80. What did the listener do last week?

(A) Received an expense report
(B) Attended a trade show
(C) Misplaced some paperwork
(D) Responded to some questions

81. Why does the speaker say, "your stay was for three nights"?

(A) To indicate an error has been made
(B) To explain why a choice was selected
(C) To check if an itinerary was changed
(D) To suggest that a location is suitable

82. According to the speaker, what does the listener have to do?

(A) Correct a form
(B) Make a payment
(C) Copy some receipts
(D) Read some instructions

Questions 80 through 82 refer to the following telephone message.

Hi, Mr. Fergus. It's Mary Larsen from accounting. I have a question about the travel expense sheet you submitted after the trade show you attended last week. According to the receipt from the hotel you provided us with, your stay was for three nights. The information on the form must therefore be incorrect, as you wrote down that you stayed for only two. You'll be reimbursed for the entire stay, but you'll have to correct the form first. If you could stop by my department to do that before you leave work today, that'd be great. Thank you.

問題 80 ～ 82 は次の電話のメッセージに関するものです。

こんにちは、Fergus さん。経理部の Mary Larsen です。先週参加された見本市の後に提出された旅費明細書について質問があります。提出していただいたホテルの領収書によると、あなたの滞在は 3 泊でした。そのため、2 泊したと書いた用紙の情報は間違っているはずです。全宿泊分の払い戻しをしますが、まず用紙を訂正してください。今日の退社前に、私の部署に立ち寄って修正していただければ幸いです。ありがとうございました。

- □ **accounting**　経理部
- □ **travel expense sheet**　旅費明細書
- □ **submit**　提出する
- □ **trade show**　見本市・展示会
- □ **according to ～**　～によると
- □ **provide ～ with…**　～に…を提供する
- □ **incorrect**　間違った
- □ **reimburse**　払い戻す
- □ **entire**　全体の
- □ **stop by**　立ち寄る

80. 先週、聞き手は何をしましたか。

    (A) 経費報告書を受け取った

    (B) 見本市に参加した

    (C) 書類を置き忘れた

    (D) 質問に返答した

正解 (B)

  話し手はI have a question about the travel expense sheet you submitted after the trade show you attended last week. (先週参加された見本市の後に提出された旅費明細書について質問があります。) と述べています。この発言から、先週、聞き手は見本市に参加したと判断できます。よって正解は(B)です。

  TOEICに頻出するtrade show (見本市・展示会) は、日本では東京ビッグサイトのように広いホールで開催されます。いくつもの企業が各々ブースを構えて商品やサービスを展示し、商談につなげるイベントです。また、似たようなイベントとしてexpo (展示会：expositionの略) もよく出てきます。

81. 話し手はなぜ "your stay was for three nights" と言っていますか。

    (A) 誤りがあったことを示すため

    (B) 選択理由を説明するため

    (C) 旅程が変更されたかどうかを確認するため

    (D) 場所が適していることを提案するため

正解 (A)

  話し手がyour stay was for three nights. (あなたの滞在は3泊でした。) と述べた後、The information on the form must therefore be incorrect, as you wrote down that you stayed for only two. (そのため、2泊したと書いた用紙の情報は間違っているはずです。) と、提出した用紙の情報が間違っている点を指摘しています。よって、正解は (A) です。

　TOEICの世界でも現実社会と同じように、出張でかかった宿泊費用や交通費があとから会社から払い戻し (reimburse) されます。出張に伴って使われる単語、itinerary (旅程)、travel expense (旅費)、reimbursement (払い戻し)、accommodation fee (宿泊費) や expense report (経費報告書) もまとめて覚えましょう。

82. 話し手によると、聞き手は何をしなければいけませんか。

　　(A) 用紙を修正する

　　(B) 支払いをする

　　(C) 領収書をコピーする

　　(D) 説明書を読む

正解 (A)

　話し手は you'll have to correct the form first. (まず用紙を訂正してください。) と述べ、聞き手が提出した用紙に間違って記入された宿泊情報を修正しなければならないことを伝えています。よって正解は (A) です。

　正解の選択肢に Correct a form (用紙を修正する) とあり、本文でも you'll have to <u>correct the form</u> first. と同じ表現を使っているため、難易度は低い問題です。

(112)

Hi, Mr. Fergus. // It's Mary Larsen from accounting. //

I have a question / about the travel expense sheet / you submitted after the trade show / you attended last week. //

According to the **receipt** from the hotel / you provided us with, / your stay was for three nights. //

The information on the form / must therefore be incorrect, / as you wrote down / that you stayed for only two. //

You'll be reimbursed / for the entire stay, / but **you'll** have to correct the form first. // If you could stop by my department to do that / before you leave work today, / **that'd** be great. //

Thank you.

こんにちは、Fergus さん。// 経理部の Mary Larsen です。//

質問があります / 旅費明細書について / あなたが見本市の後に提出した / 先週あなたが参加した。//

ホテルの領収書によると / あなたが私たちに渡した / あなたの滞在は3泊でした。//

用紙の情報は / 従って、間違っているはずです / あなたが書いているので / あなたは2泊だけしたと。//

払い戻しはされます / 全宿泊分の / しかし、まずあなたは、用紙を訂正しなければいけません。//

私の部署に立ち寄って修正していただければ / 今日の退社前に / 幸いです。//

ありがとうございました。

※直訳に近い内容にしているため、前ページのスクリプト訳とは若干表現が異なります。

👤 According の g は消え、According to はアコーディントゥという音になります。また、receipt は日本語はレシートと発音しますが、発音記号は risí:t で、リシィーt のような音になります。

👤 you'll が2回出てきます。you'll はユールとはっきり発音されず、l は暗く小さい音となり、ユゥルのように発音します。

👤 that'd は that would の短縮形です。that'd はザッドのように発音しますが、that'd be になる場合には、d の音が脱落し、ザッビーのように発音します。

STEP 1 自分のペースで音読しましょう

通常速度
111

音声を聞き、発音を丁寧に確認します。そして音をマネし、理解をしっかりしながら自分のペースで音読しましょう。

5回

1	2	3	4	5	

STEP 2 リピート音読してみましょう

リピート音声
112

意味の区切りごとに、スクリプトを見ながら音声の後に続けてリピート音読しましょう。 5回

1	2	3	4	5	

できるようになったら、何も見ずにリピート音読しましょう。 5回

1	2	3	4	5	

STEP 3 オーバーラッピングしてみましょう

通常速度 1.2倍速
111 113

最初は通常の速度でオーバーラッピングしましょう。 5回

1	2	3	4	5	

次に、1.2倍速でオーバーラッピングしましょう。 5回

1	2	3	4	5	

計25回 達成!!

日付	／

本編で学んだ単語が聞き取れるか、空所を埋めてチャレンジしてみましょう。

1. I have a question about the _____ _____ sheet.

2. You'll be _____ for the _____ stay.

3. You'll have to _____ the form first.

本編で出てきた単語やその他の単語を含んだ文を聞き取れるか、空所を埋めてチャレンジしてみましょう。

4. _____ the _____ _____ in Cincinnati will be a great opportunity to meet _____ customers.

5. To receive a _____, make sure to _____ a _____ _____ within a week of your trip.

6. _____ _____ the report that the sales department _____, our store in New York is _____ more _____ than five years ago.

STEP 4

1. I have a question about the <u>travel expense</u> sheet.
   旅費明細書について質問があります。
2. You'll be <u>reimbursed</u> for the <u>entire</u> stay.
   全宿泊分の払い戻しをします。
3. You'll have to <u>correct</u> the form first.
   まず用紙を訂正してください。

STEP 5

4. <u>Attending</u> the <u>trade show</u> in Cincinnati will be a great opportunity to meet <u>potential</u> customers.
   Cincinnatiで開催される展示会に参加することは、潜在的な顧客と出会うための絶好の機会です。
5. To receive a <u>reimbursement</u>, make sure to <u>submit</u> a <u>travel expense sheet</u> within a week of your trip.
   払い戻しを受けるためには、出張後1週間以内に旅費明細書を必ず提出してください。
6. <u>According to</u> the report that the sales department <u>provided</u>, our store in New York is <u>significantly</u> more <u>profitable</u> than five years ago.
   営業部が提出した報告書によると、ニューヨークの店舗は5年前に比べて大幅に利益を上げています。

❌ **reimburse**

reimburseは動詞「返金する」という意味です。re (再び) + im (in/中に) + -burse (サイフ) という語源がわかると覚えやすいですね。また例文5では名詞reimbursement (返金) が使われています。

❌ **according to ~**

according to ~は「~によると」という意味で、後ろに名詞を置きます。例文6ではAccording to the report (報告書によると) とあり、後ろにthat <u>the sales department</u> (主語) + <u>provided</u> (動詞) と続き、「営業部が提出した (報告書)」と、報告書がどのようなものかの説明を加えています。

❌ **profitable**

profitableは形容詞「利益になる」という意味です。名詞はprofit (利益) です。

(116)

音声を聞き、問題を解きましょう。

83. Why is the speaker pleased?

(A) His employees support a proposal.
(B) His company will receive an award.
(C) He will soon be given a pay raise.
(D) He has been invited to give a speech.

84. According to the speaker, what have the listeners done?

(A) Entered a competition
(B) Seen a commercial
(C) Taken part-time jobs
(D) Organized a cleanup

85. What does the speaker want some listeners to do by Friday?

(A) Advise him about a menu for a ceremony
(B) Tell him they want to attend an event
(C) Make a donation to a local organization
(D) Sign up for a community newsletter

Questions 83 through 85 refer to the following announcement.

Listen up, everyone! I've got some great news. I'm very happy to announce that our business was selected to receive an award from the Linden Chamber of Commerce. The award is being given to us in recognition of the beach cleanup we organized and took part in last September. And it will be presented to us at a banquet on February 9. Other organizations will be honored for their activities as well, so they have also been invited to attend the dinner. The chamber of commerce gives each of the companies three tickets to the banquet, so if you're interested in attending with me, please let me know by Friday.

問題83〜85は次のアナウンスに関するものです。

皆さん、聞いてください。素晴らしいニュースがあります。この度、私たちの事業がLinden商工会議所から表彰されることになったことを発表できて嬉しく思います。この賞は、昨年9月に私たちが企画し参加したビーチ清掃運動が評価されたものです。また、それは、2月9日に開催される祝宴で授与されます。他の団体も彼らの活動を表彰されますので、それらの団体も夕食会に招待されています。商工会議所では、各企業に祝宴のチケットを3枚ずつ渡していますので、私と一緒に参加することに興味があれば、金曜日までにご連絡ください。

- □ **award**　賞
- □ **chamber of commerce**　商工会議所
- □ **in recognition of ～**　～（功績・貢献など）を認めて
- □ **beach cleanup**　ビーチ清掃運動
- □ **organize**　企画する
- □ **present**　贈呈する
- □ **banquet**　祝宴
- □ **honor**　栄誉を授ける・称える

83. なぜ話し手は喜んでいますか。

    (A) 従業員が提案を支持しているから。

    (B) 会社が賞を受けることになったから。

    (C) 彼の給料がもうすぐ上がるから。

    (D) 彼がスピーチをするために招待されているから。

正解 (B)

冒頭で、I'm very happy to announce that our business was selected to receive an award from the Linden Chamber of Commerce. (この度、私たちの事業がLinden商工会議所から表彰されることになったことを発表できて嬉しく思います。) と述べています。よって、正解は (B) です。

I'm happy to announce that 〜は「that 以下のことを発表できて嬉しい」という意味です。つまり、ここでは表彰を受けることを喜んでいるのがわかりますね。この表現は I'm thrilled to announce that〜や、I'm glad to announce that〜と言い替えることもできます。何か嬉しいことを報告する際に使われる頻出フレーズなので、丸ごと覚えましょう。

84. 話し手によると、聞き手は何をしましたか。

    (A) 競技に参加した

    (B) コマーシャルを見た

    (C) アルバイトを始めた

    (D) 清掃運動を企画した

正解 (D)

The award is being given to us in recognition of the beach cleanup we organized and took part in last September. (この賞は、昨年9月に私たちが企画し参加したビーチ清掃

運動が評価されたものです。）と説明しているため、正解は（D）
です。本文で the beach cleanup（ビーチ清掃運動）と述べて
おり、選択肢でも cleanup（清掃運動）と同じ単語を使ってい
るため、正解しやすい問題でした。

　名詞 award（賞）は頻出単語の一つです。動詞 award も「（人に
賞などを）授与する」という意味で頻出です。He was <u>awarded</u>
the grand prize for his achievement.（彼の功績が認められ、
大賞を受賞しました）のように使うことができます。ぜひ名詞も
動詞も両方覚えておきましょう。

85. 話し手は聞き手に、金曜日までに何をしてもらいたいですか。

　(A) 式典のメニューについてアドバイスをする

　(B) イベントに参加したいことを伝える

　(C) 地元の団体に寄付をする

　(D) 地域のニュースレターに登録する

正解 (B)

　祝宴の場に招待されている旨を述べた後、if you're inter-
ested in attending with me, please let me know by Fri-
day.（私と一緒に参加することに興味があれば、金曜日までにご連絡
ください。）と続けています。よって（B）が正解です。選択肢に
ある event（イベント）は、本文にある banquet（祝宴）を意味
しています。

　banquet（祝宴）も頻出の単語です。「祝宴は、よく"晩（夜）"
に開かれるから ban（晩）quet なんだよ」という冗談を聞いた
事があります。そんな覚え方も面白いですね。

Listen up, everyone! // I've got some great news. //

I'm very happy to announce / that our business was selected / to **receive** an **award** / from the Linden Chamber of Commerce. //

The **award** is being given to us / in recognition of the beach cleanup / we organized / and took part in last September. //

And it will be **presented to** us / at a banquet on February 9. //

Other organizations will be **honored** for their activities as well, / so they have also been invited / to attend the dinner. //

The chamber of commerce / gives each of the companies three tickets to the banquet, / so if you're interested in attending with me, / please let me know by Friday.

皆さん、聞いてください。// 素晴らしいニュースがあります。//
発表できて嬉しいです / この度、私たちの事業が選ばれたことを /
賞を受けとるのに / Linden 商工会議所から。//
この賞は、私たちに与えられます / ビーチ清掃運動が評価されて /
私たちが企画し / 昨年9月に参加した。//
また、それは私たちに授与されます / 2月9日の祝宴で。//
他の団体も彼らの活動を表彰されますので、/ それらの団体も招待
されています / 夕食会に出席することを。//
商工会議所では / 各企業に祝宴のチケットを3枚ずつ渡していま
す / なので、もし私と一緒に参加することに興味があれば / 金曜日
までにご連絡ください。

※直訳に近い内容にしているため、前ページのスクリプト訳とは若干表現が
異なります。

🙂 presented to を見てみましょう。過去分詞形 -ed の後に
to が続き、プリゼンティットゥのような発音になります。
動詞 present の発音記号は prizént で、後ろに強勢がく
る点にも注意しましょう。

🙂 発音を間違えやすい3つの単語を見てみましょう。まずは
動詞 receive です。発音記号は risíːv (リシィーヴ) です。レ
シーブと日本語読みしないように気をつけましょう。名詞
award の発音記号は əwɔ́rd です。アワードではなく、ァ
ウォーrd のような音で発音しましょう。最後に動詞 honor
は、発音記号は ánər で、アーナーのように発音し、h の
音は発音しません。

STEP 1 自分のペースで音読しましょう

通常速度
(117)

音声を聞き、発音を丁寧に確認します。そして音をマネし、理解をしっかりしながら自分のペースで音読しましょう。

5回

1	2	3	4	5	

STEP 2 リピート音読してみましょう

リピート音声
(118)

意味の区切りごとに、スクリプトを見ながら音声の後に続けてリピート音読しましょう。 5回

1	2	3	4	5	

できるようになったら、何も見ずにリピート音読しましょう。 5回

1	2	3	4	5	

STEP 3 オーバーラッピングしてみましょう

通常速度 1.2倍速
(117) (119)

最初は通常の速度でオーバーラッピングしましょう。 5回

1	2	3	4	5	

次に、1.2倍速でオーバーラッピングしましょう。 5回

1	2	3	4	5	

計25回　達成 !!
日付　　　　／

　本編で学んだ単語が聞き取れるか、空所を埋めてチャレンジしてみましょう。

1. I'm very happy to _____ that our business was selected to receive an _____.

2. The award is being given to us _____ _____ _____ the beach cleanup.

3. Other _____ will be _____ for their activities as well.

　本編で出てきた単語やその他の単語を含んだ文を聞き取れるか、空所を埋めてチャレンジしてみましょう。

4. Mr. Lee won the best _____ _____ _____ _____ _____ his creative product designs.

5. Dr. Kensky _____ _____ _____ _____ protection _____, and he will _____ his research at next week's conference.

6. The results of a recent study by a _____ environmental organization will be _____ at the _____ _____.

STEP 4

1. I'm very happy to <u>announce</u> that our business was selected to receive an <u>award</u>.

   この度、私たちの事業が表彰されることになったことを発表できて嬉しく思います。

2. The award is being given to us <u>in recognition of</u> the beach cleanup.

   この賞は、ビーチ清掃運動が評価され、授与されるものです。

3. Other <u>organizations</u> will be <u>honored</u> for their activities as well.

   他の団体も彼らの活動を表彰されます。

STEP 5

4. Mr. Lee won the best <u>employee</u> <u>award</u> <u>in</u> <u>recognition</u> of his creative product designs.

   Lee さんは、独創的な製品デザインが評価され、最優秀社員賞を受賞しました。

5. Dr. Kensky <u>is</u> <u>interested</u> in <u>environmental</u> protection <u>measures</u>, and he will <u>present</u> his research at next week's conference.

   Kensky 博士は環境保護対策に関心があり、次回の会議で彼の研究を発表する予定です。

6. The results of a recent study by a <u>leading</u> environmental organization will be <u>presented</u> at the <u>annual</u> <u>conference</u>.

   主要な環境団体による最近の研究結果が年次会議で発表されます。

❌ in recognition of ～

in recognition of ～は「～（功績・実績など）を認めて」という意味です。動詞recognize には「（業績などを）認める・評価する」という意味があります。

❌ be honored

動詞 honor は「称える・栄誉を授ける」という意味です。例文3ではbe honored と受動態になり、「表彰される」という意味になっていますね。また、I'm honored to do で「～できて光栄です」という表現も定番です。

❌ present

present はいくつか意味があり、例文5、6では、動詞 present が「（考えなどを）提示する・発表する」という意味で使われています。また、本文では it will be presented to us at a banquet（それは祝宴で私たちに授与されます）という文の中で「贈呈する（授与する）」という意味で使われています。

(122)

音声を聞き、問題を解きましょう。

86. What will happen in April?

(A) A press release will be posted.
(B) A conference will take place.
(C) A structure will be torn down.
(D) A warning sign will be taken down.

87. What problem did Mayor Davis mention?

(A) Some roads are not accessible due to a parade.
(B) Some construction projects are delayed.
(C) Some traffic signals are not working properly.
(D) Some vehicles are too heavy to cross a bridge.

88. According to the speaker, what may some listeners have to do?

(A) Take alternate routes
(B) Perform an inspection
(C) Transport some supplies
(D) Tour a construction site

Questions 86 through 88 refer to the following news report.

In local news, Mayor Rick Davis announced today that the old bridge over Clayton Creek in downtown Arlsville will be replaced. Demolition is scheduled for April, and construction of the new structure will begin in May. At a press conference, Mayor Davis said that the bridge is eighty years old, and really heavy vehicles cannot cross over it. When the new one opens, transport trucks will be allowed to use it, so drivers won't have to go all the way to Pelbury Bridge, north of the city. He added that the new bridge will be completed by July. Until then, motorists will be required to take detours around the construction zone.

問題86～88は次のニュース報道に関するものです。

地元のニュースの中で、Rick Davis 市長は本日、Arlsville のダウンタウンにある Clayton Creek にかかる古い橋を架け替えることを発表しました。4月に解体工事が予定されており、5月から新しい骨組みの建設が開始する予定です。記者会見で Davis 市長は、この橋は80年前のもので、本当に重い車は渡れないと話しました。新しい橋が開通すれば、輸送用トラックが使用できるようになり、ドライバーはわざわざ市の北にある Pelbury 橋まで行かずによくなる見込みです。市長はさらに、新しい橋は7月までに完成する予定だと付け加えました。それまでは、ドライバーは工事現場を迂回する必要があります。

- □ **mayor**　市長
- □ **replace**　取り替える
- □ **demolition**　取り壊し
- □ **construction**　建設
- □ **structure**　骨組み
- □ **press conference**　記者会見
- □ **vehicle**　乗り物
- □ **cross**　横断する
- □ **transport truck**　運搬トラック
- □ **add**　加える
- □ **allow**　許可する
- □ **completed**　～を完成させる
- □ **motorist**　自動車を運転する人
- □ **require**　必要とする
- □ **detour**　回り道

86. 4月には何が起こりますか。

(A) 報道発表が掲載される。

(B) 会議が開催される。

(C) 建造物が取り壊される。

(D) 警告の看板が取り外される。

正解 (C)

　古い橋を架け替えることが述べられており、Demolition is scheduled for April (4月に解体工事が予定されている) と続いています。橋を架け替えるために、まずは古い橋が解体されることがわかるため、(C) が正解です。

　動詞scheduleは「〜を予定に入れる」という意味です。〈be scheduled：予定されている〉のように、受動態で使われることがよくあります。また、このdemolition (取り壊し) も難しい単語ではありますが、TOEICに出てくる単語です。break downやpull downも「取り壊す」という意味で出てきます。

87. Davis市長はどんな問題について述べましたか。

(A) パレードのためにアクセスできない道路がある。

(B) 建設プロジェクトが遅れている。

(C) 正しく機能していない信号機がある。

(D) 重すぎて橋を渡れない車がある。

正解 (D)

　really heavy vehicles cannot cross over it. (本当に重い車は渡れない。) という市長の発言があります。指示語itは橋を指し、重い車は安全上の理由で古い橋を渡れないということを意味しています。よって、(D) が正解です。vehicleは「乗り物全般」を表す単語で、頻出単語です。

正解の選択肢では〈too＋形容詞＋to＋do：…すぎて～できない〉という型が使われています。否定語notはありませんが、即座に「～できない」と理解できるかどうかもカギになります。

88. 話し手によると、聞き手は何をする必要がある可能性がありますか。

(A) 別のルートを使う

(B) 検査をする

(C) 物資を運ぶ

(D) 建設現場を見学する

正解 (A)

　motorists will be required to take detours around the construction zone. (ドライバーは工事現場を迂回する必要があります。) と述べています。take detours は「迂回する」という意味です。よって take detours (迂回する) を take alternate routes (別のルートを使う) と言い換えた (A) が正解です。

　動詞 require は「～を必要とする」という意味です。受動態 be required to do で「～することを要求される」という意味で、受動態で頻出します。have to do や need to do に言い換えて出題されることが多いので注意しましょう。また、TOEIC の世界では建物が建設中や工事中の場合も多くあり、それに伴ってドライバーは take detours (迂回する) を求められることがよくあります。

In local news, / Mayor Rick Davis announced today / that the old bridge / over Clayton Creek in downtown Arlsville / will be replaced. //

Demolition is scheduled for April, / and construction of the new structure / will begin in May. //

At a press conference, / Mayor Davis said / that the bridge is eighty years old, / and really heavy vehicles cannot cross over it. //

When the new one opens, / **transport trucks will be allowed to use it**, / so **drivers won't have to go all the way** / to Pelbury Bridge, north of the city. //

He added / that the new bridge will be completed by July. //

Until then, / motorists will be required to take detours / around the construction zone.

地元のニュースの中で、/ Rick Davis 市長は本日発表しました / 古い橋が / Arlsville のダウンタウンにある Clayton Creek にかかる / 架け替えられることを。//

4月に解体工事が予定されており、/ 新しい骨組みの建設は / 5月から開始する予定です。//

記者会見で / Davis 市長は、言及しました / この橋は80年前のもので / 本当に重い車は渡れないと。//

新しい橋が開通すれば / 輸送用トラックが橋を使用できるようになり / ドライバーはわざわざ行かなくてもよくなる / 市の北にある Pelbury 橋まで。//

さらに付け加えました / 新しい橋は7月までに完成する予定だと。//

それまでは / ドライバーは迂回する必要があります / 工事現場を。

※直訳に近い内容にしているため、前ページのスクリプト訳とは若干表現が異なります。

👤 transport trucks will be allowed to use it の部分を見てみましょう。transport の t の音が脱落します。また、allow の発音は əláu (アラウ) です。o の綴りにつられて、アローと読まないようにしましょう。ここでは allowed の後ろに to が続くため、ed は発音せず、アラウットゥのような音になります。また、use it は音がつながり、ユージィッ t のように発音します。

👤 drivers won't have to go all the way を見てみましょう。won't have to go はウォンッハフタ・ゴーのようにつながります。all the way はオーザウェイとスムーズに発音してみましょう。

STEP 1 自分のペースで音読しましょう
通常速度 ◀))123

音声を聞き、発音を丁寧に確認します。そして音をマネし、理解をしっかりしながら自分のペースで音読しましょう。

5回

1		2		3		4		5	

STEP 2 リピート音読してみましょう
リピート音声 ◀))124

意味の区切りごとに、スクリプトを見ながら音声の後に続けてリピート音読しましょう。 5回

1		2		3		4		5	

できるようになったら、何も見ずにリピート音読しましょう。 5回

1		2		3		4		5	

STEP 3 オーバーラッピングしてみましょう
通常速度 ◀))123 1.2倍速 ◀))125

最初は通常の速度でオーバーラッピングしましょう。 5回

1		2		3		4		5	

次に、1.2倍速でオーバーラッピングしましょう。 5回

1		2		3		4		5	

計25回 達成‼

日付 ／

本編で学んだ単語が聞き取れるか、空所を埋めてチャレンジしてみましょう。

1. _____ is _____ for April.

2. Transport trucks will be _____ to use it.

3. Motorists will be _____ to take _____ around the _____ zone.

🚆 **STEP 5** 応用編 単語チェック ◀127

本編で出てきた単語やその他の単語を含んだ文を聞き取れるか、空所を埋めてチャレンジしてみましょう。

4. Ms. Garcia will _____ Mr. Adams, who will be _____ to another department.

5. The _____ held a _____ _____ regarding the _____ of a bridge over Hawk River.

6. The new bridge will _____ drivers _____ access _____ north and south Brenton more easily.

STEP 4

1. <u>Demolition</u> is <u>scheduled</u> for April.

   4月に解体工事が予定されています。

2. Transport trucks will be <u>allowed</u> to use it.

   輸送用トラックがそれを使用できるようになります。

3. Motorists will be <u>required</u> to take <u>detours</u> around the <u>construction</u> zone.

   ドライバーは工事現場を迂回する必要があります。

STEP 5

4. Ms. Garcia will <u>replace</u> Mr. Adams, who will be <u>transferred</u> to another department.

   Garcia さんは、他の部署に異動する Adams さんのあとを引き継ぎます。

5. The <u>mayor</u> held a <u>press conference</u> regarding the <u>construction</u> of a bridge over Hawk River.

   市長は、Hawk River に架かる橋の建設について記者会見を開きました。

6. The new bridge will <u>allow</u> drivers <u>to</u> access <u>both</u> north and south Brenton more easily.

   この新しい橋のおかげで、ドライバーは Brenton の南北どちらにも簡単にアクセスできるようになります。

❌ allow

allow は〈allow + A + to do：Aが〜することを可能にする・許可する〉という型で使われることが多くあります。例文6は〈allow + drivers to access〉で「ドライバーがアクセスできるようにする」と表現しています。例文2ではAの部分が主語となり、受動態になっています。be allowed to do で「〜できる・〜することを許可される」という意味です。

❌ transfer

動詞 transfer は「(人や物の場所を) 移す・(人を) 転勤させる」という意味です。例文4では be transferred to 〜と、受動態で「〜へ異動させられる (〜へ異動する)」と表現しています。接頭辞 trans- は「向こう側に」という意味があり、一方からもう一方への動きが感じられますね。

❌ regarding

前置詞 regarding は「〜に関して」という意味。前置詞 about や concerning と同義語です。他に、with regard to / in regard to (〜に関して) もあわせて覚えましょう。

(128)

音声を聞き、問題を解きましょう。

89. What is the speaker mainly talking about?

(A) A new policy

(B) A meeting time

(C) A parking fee

(D) A relocation plan

90. What does the speaker imply when he says, "there's a ten-story parking garage around the corner"?

(A) He anticipates an increase of visitors to the neighborhood.

(B) He would like the listeners to park in another place.

(C) He is concerned about competition between businesses.

(D) He does not understand why people are not using a facility.

91. What does the speaker say he plans to do?

(A) Send a memo

(B) Attend a meeting

(C) Approve a budget

(D) Submit a request

Questions 89 through 91 refer to the following excerpt from a meeting.

OK, I'll start with an update about the parking situation around our office building. As you know, lots of people who don't work here have been using our parking lot lately. Many come to do their shopping at the supermarket next door. I'm not sure why they park in our lot, as the supermarket has its own. Plus, there's a ten-story parking garage around the corner. But to restrict non-employees from entering our premises, we've hired a parking attendant. And all employees parking here will be given a permit they'll have to show that attendant beginning in January. The administration department will issue these soon, and I'll write up a memo about these changes and e-mail it to all staff today.

問題89～91は次の会議の抜粋に関するものです。

さて、まずはオフィスビル周辺の駐車場事情についての最新情報をお知らせします。ご存知のように、最近、ここで働いていない多くの人たちが私たちの駐車場を利用しています。多くの人が隣のスーパーに買い物に来ています。スーパーには専用の駐車場があるのに、なぜうちの駐車場に停めるのかよくわかりません。それに、この角には10階建ての駐車場がありますね。しかし、従業員以外の人が敷地内に入るのを制限するために、駐車場係を雇いました。そして、ここに駐車している全ての従業員には、1月からその係員に見せる許可証を発行します。近日中に総務部が許可証を発行する予定で、私はこの変更についてのお知らせを書き、そして今日中に全スタッフにメールで送信します。

□ **update** 最新情報
□ **parking lot** 駐車場
□ **lately** 最近
□ **many** 多くの人
□ **park** （自動車を）駐車させる
□ **ten-story** 10階建ての
□ **restrict** 制限する
□ **enter** 立ち入る
□ **premises** 敷地
□ **parking attendant** 駐車場係
□ **permit** 許可証
□ **attendant** 係員
□ **administration department** 総務部
□ **issue** 発行する

89. 話し手は主に何について話していますか。

    (A) 新しい方針

    (B) 会議の時間

    (C) 駐車料金

    (D) 移転計画

正解 (A)

    an update about the parking situation around our office building (オフィスビル周辺の駐車場事情の最新情報) について話が始まり、続いて、駐車場を利用する従業員に対し、許可証を発行する旨が述べられています。つまり、駐車場の新しい利用規則について述べられているため、正解は(A)です。

    parking (駐車場) は動詞 park (車を停める) も TOEIC に頻出します。このトークの後半でも all employees parking here will be 〜 (ここに駐車している全ての従業員は〜) と、動詞 park が現在分詞 parking に変化して使用されています。park と聞くと、つい「公園」という意味の名詞 park だと勘違いして聞いてしまう人がいるようです。聞き間違えてしまうと、全く異なるストーリー展開になります。文脈や文法から意味を判断できるように練習しましょう。

90. 話し手は "there's a ten-story parking garage around the corner" という発言で、何を示唆していますか。

    (A) 近隣への訪問者の増加を見込んでいる。

    (B) 聞き手に別の場所に駐車してほしい。

    (C) ビジネス間の競争を懸念している。

    (D) 人々が施設を利用しない理由を理解できない。

話し手が、I'm not sure why they park in our lot, as the supermarket has its own.(スーパーには専用の駐車場があるのに、なぜうちの駐車場に停めるのかよくわかりません。)と述べています。スーパーに行くお客が、なぜお店専用の駐車場を利用しないのかを疑問に思っていることがわかるため、正解は(D)です。

発言の意図や動機を問うこのタイプの問題は、引用された文の内容よりも、トークの流れを理解できるかがとても大事です。特にこの問題のように、引用された発言の前後で、その意図が理解できる場合が多くあります。「この発言を待ち伏せする」という意識ではなく、トーク全体の流れをしっかりつかみましょう。

91. 話し手は何をするつもりだと言っていますか。

    (A) お知らせを送る
    (B) 会議に出席する
    (C) 予算を承認する
    (D) 要望書を提出する

最後に I'll write up a memo about these changes and e-mail it to all staff today.(私はこの変更についてのお知らせを書き、そして今日中に全スタッフにメールで送信します。)と述べています。つまり正解は(A)です。

e-mail は、もちろん receive an e-mail(メールを受け取る)のように名詞としても使うことができますが、この発言のように動詞として「メールで送る」という意味でも使われます。また、似たような動詞として、動詞 text も使われます。これは「テキストメッセージを送る」という意味で、I'll text you later.(あとでテキストメッセージを送ります。)のように使うことができます。

OK, I'll start with an update / about the parking situation / around our office building. //

As you know, / lots of people who don't work here / have been using our parking lot lately. // Many come to do their shopping / at the supermarket next door. //

I'm not sure / why they park in our lot, / as the supermarket has its own. //

Plus, there's a ten-story parking **garage** around the corner. // But to **restrict non-employees from entering our premises**, / we've hired a parking attendant. //

And all employees parking here / will be given a permit / they'll have to show that attendant / beginning in January. //

The administration department will issue these soon, / and I'll write up a memo / about these changes / and e-mail it to all staff today.

さて、まずは更新情報についてお知らせします / 駐車場事情についての / オフィスビル周辺の。//

ご存知のように / ここで働いていない多くの人たちが / 最近、私たちの駐車場を利用しています。// 多くの人が買い物に来ています / 隣のスーパーに。//

私にはよくわかりません / なぜうちの駐車場に停めるのか / スーパーには専用の駐車場があるのに。//

それに、この角には10階建ての駐車場がありますね。// しかし、従業員以外の人が敷地内に入るのを制限するために / 駐車場係を雇いました。//

そして、ここに駐車している全ての従業員には / 許可証が渡されます / その係に見せる / 1月から。//

近日中に総務部が許可証を発行する予定で、/ 私はお知らせを書き / この変更についての / そして今日中に全スタッフにメールで送信します。

※直訳に近い内容にしているため、前ページのスクリプト訳とは若干表現が異なります。

発音を間違えやすい単語を2つ見ておきましょう。1つ目は名詞garageです。日本語でガレージと言いますが、英語の場合はガラージのような音になるため、ラの部分が日本語と大きく異なる点に注意が必要です。2つ目は動詞enterです。発音記号はéntər（エンター）です。インターと言わないようにしましょう。

〈restrict A from 〜ing：Aが〜するのを制限する〉という型を意識しましょう。restrictの後ろにはfromが出てくることを意識し、また、fromの後ろには動名詞が続くことを意識しましょう。

259

STEP 1　自分のペースで音読しましょう

通常速度
◀129

　音声を聞き、発音を丁寧に確認します。そして音をマネし、理解をしっかりしながら自分のペースで音読しましょう。

5回

1	2	3	4	5	

STEP 2　リピート音読してみましょう

リピート音声
◀130

　意味の区切りごとに、スクリプトを見ながら音声の後に続けてリピート音読しましょう。　**5回**

1	2	3	4	5	

　できるようになったら、何も見ずにリピート音読しましょう。　**5回**

1	2	3	4	5	

STEP 3　オーバーラッピングしてみましょう

通常速度　1.2倍速
◀129　◀131

　最初は通常の速度でオーバーラッピングしましょう。　**5回**

1	2	3	4	5	

　次に、1.2倍速でオーバーラッピングしましょう。　**5回**

1	2	3	4	5	

計25回　達成 !!	
日付	／

本編で学んだ単語が聞き取れるか、空所を埋めてチャレンジしてみましょう。

1. I'm not sure why they _____ in our lot.

2. To _____ non-employees _____ entering our _____, we've hired a _____ _____.

3. All employees _____ here will be given a _____.

本編で出てきた単語やその他の単語を含んだ文を聞き取れるか、空所を埋めてチャレンジしてみましょう。

4. Before using the _____ _____, _____ are _____ to obtain a _____ from the security office.

5. Ms. Moore's law office is scheduled to _____ to the new _____ near the town center in May.

6. The _____ _____ will _____ a new set of guidelines for _____ business trips.

STEP 4

1. I'm not sure why they <u>park</u> in our lot.
   なぜうちの駐車場に停めるのかよくわかりません。

2. To <u>restrict</u> non-employees <u>from</u> entering our <u>premises</u>, we've hired a <u>parking</u> <u>attendant</u>.
   従業員以外の人が敷地内に入るのを制限するために、駐車場係を雇いました。

3. All employees <u>parking</u> here will be given a <u>permit</u>.
   ここに駐車している全ての従業員には、許可証を発行します。

STEP 5

4. Before using the <u>parking</u> <u>lot</u>, <u>employees</u> are <u>required</u> to obtain a <u>permit</u> from the security office.
   駐車場を使用する前に、従業員はセキュリティオフィスから許可証を得る必要があります。

5. Ms. Moore's law office is scheduled to <u>relocate</u> to the new <u>premises</u> near the town center in May.
   Moore さんの法律事務所は、5月に街の中心地近くの新しい敷地に移転する予定です。

6. The <u>administration</u> <u>department</u> will <u>issue</u> a new set of guidelines for <u>organizing</u> business trips.
   総務部は、出張を計画するための新しいガイドラインを発行します。

❌ I'm not sure why 〜

　例文1では、I'm not sure (わかりません) の目的語として、後ろに〈疑問詞 (why) + 主語 (they) + 動詞 (park)〉と並んでいます。他に、I'm not sure <u>why he came here.</u> (なぜ彼がここに来たのかわかりません。) のように使います。ここでも I'm not sure の目的語として、後ろに why he came here と続いています。

❌ premises

　名詞 premises は「建物・(建物を含めた) 土地や敷地」という意味です。類義語の単語 property (不動産物件) もあわせて覚えておきましょう。

❌ issue

　issue は名詞で「問題・(雑誌などの) 号」という意味がありますが (110ページ参照)、動詞では「発行する・発表する」という意味です。例文6では <u>issue</u> a new set of guidelines (新しいガイドラインを発行する) のように用いられています。

(134)

音声を聞き、問題を解きましょう。

92. What problem does the speaker mention?

(A) An address is incorrect.

(B) A flight is fully booked.

(C) A client will be late.

(D) An office is understaffed.

93. What does the speaker mean when he says, "but we'll probably have to push it back"?

(A) A piece of furniture may have to be moved.

(B) A manager will probably reject an offer.

(C) A meeting may have to be postponed.

(D) A machine might be too heavy to lift.

94. What does the speaker want to do?

(A) Make a reservation for lunch

(B) Prepare for a presentation

(C) Install some new software

(D) Register for a conference

135

Questions 92 through 94 refer to the following telephone message.

Hi, Peter. This is Angelo Romero calling from sales. Our client's flight is delayed. He won't be arriving in San Francisco until around 2:30 now. Our software presentation is scheduled for three o'clock, but we'll probably have to push it back. If we decide to do that, I'll let you know the new time. I don't see you at your desk now, so I guess you're on your lunch break. Call me when you get back. After that, we can set up the projector with my laptop in the conference room.

問題92〜94は次の電話のメッセージに関するものです。

こんにちは、Peter。こちらは営業部の Angelo Romero です。私たちの顧客のフライトが遅れています。彼がサンフランシスコに到着するのは2時半頃になりそうです。ソフトウェアのプレゼンテーションは3時の予定ですが、おそらく時間を遅らせなければならないでしょう。もしそうなったら、新しい時間をお知らせします。今、あなたがデスクにいないので、お昼休みなのでしょう。戻ってきたら連絡してください。そのあと、会議室で私のノートパソコンを使ってプロジェクターをセットアップしましょう。

□ **be delayed** 　遅れる
□ **push ~ back** 　〜を先送りする
□ **get back** 　戻る
□ **set up** 　配置する
□ **conference room** 　会議室

92. 話し手はどんな問題について述べていますか。

(A) 住所が間違っている。

(B) 飛行機が満席だ。

(C) 顧客が遅れる。

(D) オフィスが人手不足だ。

正解 (C)

話し手が Our client's flight is delayed. (私たちの顧客のフライトが遅れています。) と冒頭で述べています。そのため、その後に控えたプレゼンテーションの時間を遅らせなければならない旨を述べているので、(C) が正解です。

TOEIC の世界ではトラブルがつきものです。飛行機や電車がよく遅れるため、動詞 delay (遅らせる) は頻出単語です。受動態 be delayed で「遅れる」という意味になります。今回、フライトの遅延の理由は具体的に述べられていませんが、その理由としてよく挙げられるのは、inclement weather (悪天候) や system malfunction (システム異常)、engine failure (エンジンの故障) などがあります。

93. 話し手が "but we'll probably have to push it back" と言う際、何を意図していますか。

(A) 家具を動かさなければならないかもしれない。

(B) マネージャーはおそらく申し出を拒否するだろう。

(C) 会議を遅らせなければならないかもしれない。

(D) 機械は重すぎて持ち上げられないかもしれない。

正解 (C)

顧客の到着が遅れている状況をしっかり理解しましょう。3時にプレゼンテーションが予定されている内容を受け、この

発言していることがわかります。よって(C)が正解です。

　push back（延期する、先送りにする）は動詞push（押す）＋back（後ろに）という組み合わせからも「時間を後ろにずらす」というイメージがしやすいフレーズですね。push backの他にも、選択肢で使われているような動詞postponeや、また、put offも「延期する」という意味の単語です。言い換え表現として頻出します。

94. 話し手は何をしたいと思っていますか。
 (A) ランチの予約をする
 (B) プレゼンテーションの準備をする
 (C) 新しいソフトウェアをインストールする
 (D) 会議に登録する

正解 (B)

　昼休みで席を外している同僚へのメッセージとして、最後に Call me when you get back. After that, we can set up the projector with my laptop in the conference room.（戻ってきたら連絡してください。そのあと、会議室で私のノートパソコンを使ってプロジェクターをセットアップしましょう。）と伝えています。会議室でプロジェクターを準備することを伝えていることから、プレゼンテーションの準備をしたいのだと判断でき、(B)が正解です。

　TOEICに頻出するconference room（会議室）。接頭辞con-は「共に」という意味を表します。皆で会議室に集まって打ち合わせなどをするので納得できますね。また、接頭辞com-やco-も「共に」という意味を持ちます。この接頭辞を持つTOEICで出てくる単語にはcompany（会社）やcoworker（同僚）、collaborate（協力する）があります。

Hi, Peter. // This is Angelo Romero calling from sales. //

Our client's flight is delayed. // He won't be arriving in San Francisco / until around 2:30 now. //

Our **software** presentation is scheduled for three o'clock, / but we'll probably have to **push it back**. //

If we decide to do that, / I'll **let you know** the new time. //

I don't see you **at your desk** now, / so I guess you're on your lunch break. //

Call me when you get back. //

After that, / we can **set up** the **projector** / with my **laptop** / in the conference room.

こんにちは、Peter。// こちらは営業部の Angelo Romero です。//

私たちの顧客のフライトが遅れています。// 彼はサンフランシスコに到着しません / 2時半頃まで。//

ソフトウェアのプレゼンテーションは3時の予定ですが / おそらく時間を遅らせなければならないでしょう。//

もしそうなったら、/ 新しい時間をお知らせします。//

今、あなたがデスクにいないので、/ お昼休みなのでしょう。//

戻ってきたら連絡してください。//

そのあと / プロジェクターをセットアップしましょう / 私のノートパソコンを使って / 会議室で。

※直訳に近い内容にしているため、前ページのスクリプト訳とは若干表現が異なります。

🧑 音のつながる部分をいくつか見ておきましょう。push it back は push と it がつながってプシィッバック、set up もつながって母音に挟まれた t が d の音となり、セダップのような発音になります。

🧑 let you know は t が脱落し、レッユーノゥ、at your desk も t が脱落し、アッユァデスクというリズムになります。

🧑 software は t を発音せずにソフッウェア、projector はプロジェッcターのように、「ク」の部分は小さく短く発音し、ジェの部分に強勢を置きます。laptop は p を発音せずにラットップのような音になります。日本語のカタカナ読みにならないように注意しましょう。

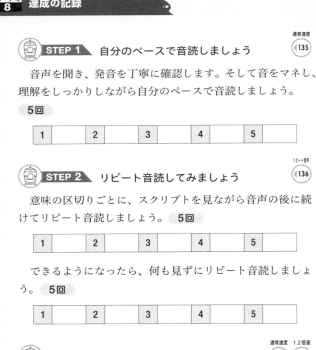

STEP 1　自分のペースで音読しましょう

通常速度 ◀135

　音声を聞き、発音を丁寧に確認します。そして音をマネし、理解をしっかりしながら自分のペースで音読しましょう。

5回

| 1 | 2 | 3 | 4 | 5 |

STEP 2　リピート音読してみましょう

リピート音声 ◀136

　意味の区切りごとに、スクリプトを見ながら音声の後に続けてリピート音読しましょう。　5回

| 1 | 2 | 3 | 4 | 5 |

　できるようになったら、何も見ずにリピート音読しましょう。　5回

| 1 | 2 | 3 | 4 | 5 |

STEP 3　オーバーラッピングしてみましょう

通常速度 ◀135　1.2倍速 ◀137

　最初は通常の速度でオーバーラッピングしましょう。　5回

| 1 | 2 | 3 | 4 | 5 |

　次に、1.2倍速でオーバーラッピングしましょう。　5回

| 1 | 2 | 3 | 4 | 5 |

| 計25回　達成 !! |
| 日付　　　　／ |

本編で学んだ単語が聞き取れるか、空所を埋めてチャレンジしてみましょう。

1. Our client's flight is _____.

2. Our software presentation is _____ _____ three o'clock.

3. We'll probably have to _____ it _____.

本編で出てきた単語やその他の単語を含んだ文を聞き取れるか、空所を埋めてチャレンジしてみましょう。

4. With only a few minor _____, _____ of the apartment building has been going fairly _____.

5. Please do not enter the _____ _____ the _____ is completed.

6. We should _____ _____ the _____ meeting so that every director can _____ it.

STEP 4

1. Our client's flight is <u>delayed</u>.

   私たちの顧客のフライトが遅れています。

2. Our software presentation is <u>scheduled</u> <u>for</u> three o'clock.

   ソフトウェアのプレゼンテーションは3時の予定です。

3. We'll probably have to <u>push</u> it <u>back</u>.

   おそらく時間を遅らせなければならないでしょう。

STEP 5

4. With only a few minor <u>delays</u>, <u>construction</u> of the apartment building has been going fairly <u>smoothly</u>.

   いくつかの小さな遅れはありましたが、アパートの建設はかなり順調に進んでいます。

5. Please do not enter the <u>premises</u> <u>until</u> the <u>construction</u> is completed.

   改修工事が完了するまで、敷地内に入らないでください。

6. We should <u>push</u> <u>back</u> the <u>budget</u> meeting so that every director can <u>attend</u> it.

   予算会議を延期して、全ての取締役が出席できるようにすべきです。

✖ go fairly smoothly

go smoothlyは「スムーズにいく」という意味です。計画や物事が順調に進んでいるときの表現です。副詞fairlyは「かなり」という意味で副詞smoothly（スムーズに）を強調しています。

✖ so that 主語＋動詞

例文6で使われている〈so that ＋主語＋動詞〉について説明します。so that以降は「～するために・～するように」という意味です。that節の中では助動詞canやwillが用いられる場合が多くあります。例えば、I study English so that I can work abroad. （私は海外で働くことができるように、英語を勉強します）のように使います。日本語ではso that以降の意味を先に訳しがちですが、英語では①「英語を勉強しています (I study English)」⇒②「海外で働くことができるように (so that I can work abroad.)」と、情報を追加していくように意味を取りましょう。

(140)

音声を聞き、問題を解きましょう。

Special Summer Tours	
Grand Canyon	August 10–13
Sedona Valley	August 15–18
Big Bend	August 21–25
Mount Broderick	August 27–31

95. Why is Exploria Travel currently closed?

(A) Its office is being renovated.

(B) Its office is being relocated.

(C) Its staff are conducting tours.

(D) Its staff are undergoing training.

96. Look at the graphic. Which trip is sold out?

(A) Grand Canyon

(B) Sedona Valley

(C) Big Bend

(D) Mount Broderick

97. What does the speaker encourage listeners to do?

(A) Confirm their reservations

(B) Change their travel itineraries

(C) Leave a detailed message

(D) Browse some promotional material

(141)

Questions 95 through 97 refer to the following recorded message and schedule.

Thank you for calling Exploria Travel. We are closed this week, as we are remodeling our office in the Biltmore Shopping Plaza. If you are calling to inquire about our special summer tours, please be aware that there are no more spots available for the trip beginning on August 21. Please visit our Web site for information about all of our trips and to see pictures of the destinations we visit. You can also make reservations with us online. Our office will reopen on August 15, and we hope you stop by to browse our travel brochures and talk to our staff. Thank you.

問題95～97は次の録音メッセージと予定表に関するものです。

スペシャル　サマーツアー	
グランドキャニオン	8月10日～13日
セドナ渓谷	8月15日～18日
ビッグ・ベンド	8月21日～25日
ブローデリック山	8月27日～31日

Exploria Travel にお電話いただき、ありがとうございます。今週は、Biltmore Shopping Plaza 内のオフィスを改装中のため、お休みをいただいております。夏の特別ツアーについてのお問い合わせであれば、8月21日からの旅行はもう空きがありませんのでご承知ください。当社のウェブサイトでは、全てのツアーの情報や訪問先の写真をご覧いただけます。また、オンラインでのご予約も可能です。8月15日にはオフィスがリニューアルオープンしますので、お立ち寄りいただき、旅行パンフレットをご覧になったり、スタッフにお声がけいただければ幸いです。ありがとうございました。

□ **remodel**　改装する
□ **inquire about ～**　～について尋ねる
□ **please be aware**　注意してください
□ **destination**　目的地
□ **make reservations**　予約をする
□ **reopen**　再開する
□ **stop by**　立ち寄る
□ **browse**　閲覧する
□ **brochure**　パンフレット

95. なぜ Exploria Travel は現在休業中なのですか。

　　(A) オフィスを改装中だから。

　　(B) 事務所を移転しているから。

　　(C) スタッフが旅行ツアーを行っているから。

　　(D) スタッフが研修中だから。

正解 (A)

　冒頭で We are closed this week, as we are remodeling our office in the Biltmore Shopping Plaza. (今週は、Biltmore Shopping Plaza 内のオフィスを改装中のため、お休みをいただいております。) と述べられています。よって正解は (A) です。

　日本語では、建物を改装する時に「建物をリフォームする」と言いますが、英語で動詞 reform は「(組織などを) 改革する」という全く違う意味になります。「建物をリフォームする」と英語で言う場合には、動詞 remodel や renovate を使う点に注意しましょう。どちらの単語も TOEIC で頻出です。接頭辞に re-「再び」の意味があり、「再び建物を新しくする」というイメージが湧きますね。

96. 図を見てください。完売している旅行はどれですか。

　　(A) グランドキャニオン

　　(B) セドナ渓谷

　　(C) ビッグ・ベンド

　　(D) ブローデリック山

正解 (C)

　please be aware that there are no more spots available for the trip beginning on August 21. (8月21日からの旅行はもう空きがありませんのでご承知ください。) とあります。図を見

ると、8月21日から始まる旅行はBig Bendへの旅行とわかるため、正解は(C)です。

このように図表問題がリストや表の場合、選択肢に書かれた内容と相反する内容を見ながら音声を聞きましょう。つまり、ここでは日程に着目しながら音声を聞きます。トークでは8月21日と、8月15日の2つの日付が出てきますね。このように、聞き手を惑わせるために、選択肢にある2つの情報を述べることも多々あるので詳細情報に耳を傾ける必要があります。

97. 話し手は聞き手に何をするように促していますか。

    (A) 予約を確認する

    (B) 旅程の変更をする

    (C) 詳細なメッセージを残す

    (D) 販促資料を閲覧する

正解 (D) ┅┅┅

we hope you stop by to browse our travel brochures and talk to our staff. (お立ち寄りいただき、旅行パンフレットをご覧になったり、スタッフにお声がけいただければ幸いです。) と述べ、聞き手に旅行パンフレットを見にくるように促しているため、正解は(D)です。トークではtravel brochures (旅行パンフレット)と述べていますが、選択肢ではsome promotional material (販促資料) と言い換えています。

動詞browseは「(本や雑誌などを) 見る」という意味です。この動詞を知らなかったとしても、PC用語である「ブラウザ」は聞いたことがある人が多いかもしれませんね。名詞browserはWebサイトを閲覧するソフト「ブラウザ」のことをいいます。その動詞がbrowseです。

(142)

Thank you for calling Exploria Travel. // We are closed this week, / as we are **remodeling** our office / in the Biltmore Shopping Plaza. //

If you are calling / to inquire about our special summer tours, / please be aware / that **there are no more spots available for the trip** / beginning on August 21. //

Please visit our Web site / for information about **all of our trips** / and to see pictures of the destinations / we visit. //

You can also make reservations with us online. //

Our office will reopen on August 15, / and we hope you stop by / to browse our travel brochures / and talk to our staff. //

Thank you.

Exploria Travel にお電話いただき、ありがとうございます。|| 今週はお休みをいただいております / オフィスを改装中のため / Biltmore Shopping Plaza 内の。||

お問い合わせであれば / 夏の特別ツアーについて質問するために / ご承知ください / もう旅行は空きがありませんので / 8月21日からの。||

当社のウェブサイトに訪れてください / 全てのツアーの情報や / 行き先の写真をご覧いただくために / 私たちが訪問する。||

また、オンラインでのご予約も可能です。||

8月15日にはオフィスがリニューアルオープンしますので / お立ち寄りいただければ幸いです / 旅行パンフレットをご覧になったり / スタッフにお声がけいただくために。||

ありがとうございました。

※直訳に近い内容にしているため、前ページのスクリプト訳とは若干表現が異なります。

🗣 remodeling はついついリ・モデリングのように発音しがちですが、発音記号は rìːmɑ́dəliŋ で、リーマダリングのように発音します。強勢の部分にも気をつけましょう。

🗣 there are no more spots available for the trip の部分を見てみましょう。形容詞 available (空いている) は前の名詞 spots を修飾しています。there are no more spots (もう参加枠はありません) ⇨ (どんな?) ⇨ available for the trip (その旅行で空いている) のように、情報を付け足す意識で音読しましょう。

🗣 all of our trips の all of がつながってオーロヴのような音になります。trips の tri は「トリ」ではなく、大げさに言うと「チュリ」のような音になります。チュリップスと一拍で言いきりましょう。

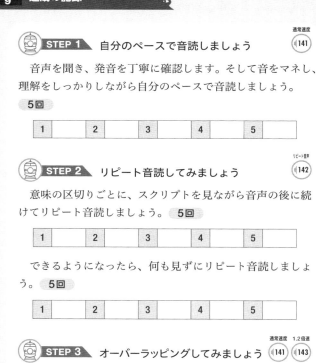

STEP 1 自分のペースで音読しましょう

通常速度 (141)

音声を聞き、発音を丁寧に確認します。そして音をマネし、理解をしっかりしながら自分のペースで音読しましょう。

5回

1	2	3	4	5	

STEP 2 リピート音読してみましょう

リピート音声 (142)

意味の区切りごとに、スクリプトを見ながら音声の後に続けてリピート音読しましょう。 **5回**

1	2	3	4	5	

できるようになったら、何も見ずにリピート音読しましょう。 **5回**

1	2	3	4	5	

STEP 3 オーバーラッピングしてみましょう

通常速度 1.2倍速 (141) (143)

最初は通常の速度でオーバーラッピングしましょう。 **5回**

1	2	3	4	5	

次に、1.2倍速でオーバーラッピングしましょう。 **5回**

1	2	3	4	5	

計25回 達成 !!
日付　　　　／

本編で学んだ単語が聞き取れるか、空所を埋めてチャレンジしてみましょう。

1. We are _____ our office in the Biltmore Shopping Plaza.

2. There are no more spots _____ for the trip beginning on August 21.

3. We hope you _____ _____ to _____ our travel _____ and talk to our staff.

本編で出てきた単語やその他の単語を含んだ文を聞き取れるか、空所を埋めてチャレンジしてみましょう。

4. Our client in Mexico City called to _____ _____ the new airplane _____ we are _____.

5. You can _____ a _____ of popular tour packages on our Web site.

6. _____ _____ _____ that popular tourist _____ in Italy can become _____ in the summer.

STEP 4

1. We are <u>remodeling</u> our office in the Biltmore Shopping Plaza.
   Biltmore Shopping Plaza 内のオフィスを改装中です。

2. There are no more spots <u>available</u> for the trip beginning on August 21.
   8月21日からの旅行はもう空きがありません。

3. We hope you <u>stop</u> <u>by</u> to <u>browse</u> our travel <u>brochures</u> and talk to our staff.
   お立ち寄りいただき、旅行パンフレットをご覧になったり、スタッフにお声がけいただければ幸いです。

STEP 5

4. Our client in Mexico City called to <u>inquire</u> <u>about</u> the new airplane <u>seats</u> we are <u>designing</u>.
   Mexico City のお客様から、私たちがデザインしている飛行機の新しい座席について問い合わせがありました。

5. You can <u>browse</u> a <u>variety</u> of popular tour packages on our Web site.
   私たちのウェブサイトではさまざまな人気のパッケージツアーをご覧いただけます。

6. <u>Please</u> <u>be</u> <u>aware</u> that popular tourist <u>destinations</u> in Italy become <u>crowded</u> in summer.
   イタリアの人気観光地は、夏になると混雑しますのでご注意ください。

✖ inquire about ～

inquire about ～は「～について問い合わせる」という意味です。ask about ～と同義語です。名詞 inquiry (質問) も頻出です。

✖ Please be aware that ～

Please be aware that ～は「that以下のことにご注意ください」という意味です。thatの後ろには主語＋動詞と続きます。聞き手の注意を引きたい時の表現で多々使われます。

✖ become crowded

動詞 become (～になる) の後ろに、形容詞 crowded (混雑した) を置くと「混雑する」という意味になります。このように〈become + 形容詞〉で、「～の状態になる」という意味にできます。例えば、He became famous. (彼は有名になりました。) のような文も作れますね。

(146)

音声を聞き、問題を解きましょう。

BLENDER SALES

Industrial blenders 12%

Countertop blenders 17%

Stick blenders 32%

Single-serve blenders 39%

98. What does the speaker instruct the listeners to do?

(A) Update a catalog
(B) Operate an appliance
(C) Pick up a manual
(D) Refer to a report

99. According to the speaker, what has changed?

(A) A production deadline
(B) A consumer preference
(C) A product launch date
(D) A light fixture

100. Look at the graphic. What type of blender will the listeners discuss?

(A) Industrial blender
(B) Stick blenders
(C) Single-serve blenders
(D) Countertop blenders

Questions 98 through 100 refer to the following excerpt from a meeting and chart.

Next, I will talk about our blender sales in the previous quarter. Have a look at the chart on page five of the report I passed out. We stopped manufacturing industrial blenders two months ago, so we didn't sell many of them last quarter. But we sold a lot of stick blenders and single-serve blenders. This is because they are small, and consumers are increasingly buying smaller appliances, which are easy to clean and store. As for our other type of blender, sales of these have significantly dropped to seventeen percent. That's the second lowest number in the chart. So, let's talk about some new ways we can promote this type.

問題98〜100は次の会議の抜粋とグラフに関するものです。

ミキサー売上

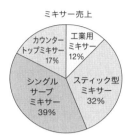

次に、前四半期のミキサーの売上についてお話しします。お渡しした報告書の5ページ目のグラフをご覧ください。工業用ミキサーは2ヶ月前に製造を中止しましたので、前四半期はあまり売れませんでした。しかし、スティック型ミキサーやシングルサーブミキサーはたくさん売れました。それらは小型で、掃除や収納がしやすいため、消費者の間で小型家電の購入が増えているからです。他のタイプのミキサーについては、その売上は17％と大幅に減少しました。これはグラフの中で2番目に低い数字です。そこで、このタイプを宣伝するための新しい方法について話しましょう。

- □ **blender** ミキサー
- □ **quarter** 四半期
- □ **manufacture** 製造する
- □ **increasingly** ますます
- □ **store** 保管する
- □ **significantly** 著しく
- □ **drop to 〜** 〜まで下がる
- □ **second lowest** 2番目に低い
- □ **promote** 宣伝する
- □ **previous** 前の
- □ **pass out** 配る
- □ **industrial** 工業の
- □ **appliance** 電化製品
- □ **as for 〜** 〜に関しては

98. 話し手は聞き手に何をするように指示していますか。

    (A) カタログを更新する

    (B) 家電製品を操作する

    (C) マニュアルを手に取る

    (D) 報告書を見る

正解 (D)

冒頭でHave a look at the chart on page five of the report I passed out.（お渡しした報告書の5ページ目のグラフをご覧ください。）と述べています。よって正解は (D) です。動詞have から始まる命令文となっていますが、高圧的に指示しているわけではなく、相手に行動を促す表現として命令文が使われています。have a look at 〜（〜を見る）という表現を、選択肢ではrefer to 〜（〜を参照する）と言い替えている点に注意しましょう。

動詞referだけではなく、名詞referenceも覚えておきましょう。仕事の応募者の元々いた会社での勤務状況を確認するための連絡先・照会先という意味でよく出てきます。

99. 話し手によると、何が変わりましたか。

    (A) 生産期限

    (B) 消費者の好み

    (C) 製品の発売日

    (D) 照明器具

正解 (B)

スティック型ミキサーやシングルサーブミキサーのような小型ミキサーの売上が伸びていることを踏まえ、consumers are increasingly buying smaller appliances（消費者の間で

小型家電の購入が増えているからです。）と述べています。よって、消費者が小型家電を好む傾向があるとわかり、正解は(B)です。

consumer preference（消費者の好み）を扱った内容はTOEICによく出てきます。名詞preference（好み）の動詞はprefer（好む）です。また、形容詞preferable（望ましい）もよく使われる単語です。あわせて覚えておきましょう。

100. 図を見てください。話し手はどのミキサーのタイプについて話し合いますか。

(A) 工業用ミキサー

(B) スティック型ミキサー

(C) シングルサーブミキサー

(D) カウンタートップミキサー

正解 (D)

ミキサーの中で17%まで売上が下がった種類があると述べた上で、その売上はグラフで2番目の低さであると説明しています。その後に、So, let's talk about some new ways we can promote this type.（そこで、このタイプを宣伝するための新しい方法について話しましょう。）と続けていることから、17%の売上のミキサーである(D)が正解だと判断できます。

図表問題では、トークの中で出てきた選択肢の単語が正解になることはありません。そのため、このグラフの場合は、パーセンテージの数字を述べるか、「（パーセンテージが）一番低い、一番高い」のような発言があることが予想できます。今回は「17%」という数字と、「2番目の低さ」という説明が解答を導くヒントになっています。

(148)

Next, I will **talk about** our blender sales / in the previous quarter. // **Have a look at** the chart / on page five of the report / I passed out. //

We stopped manufacturing industrial blenders / two months ago, / so we didn't sell many of them last quarter. //

But we sold **a lot of** stick blenders / and single-serve blenders. //

This is because they are small, / and **consumers** are **increasingly** buying smaller appliances, / which are easy to clean and store. //

As for our other type of blender, / sales of these have **significantly** dropped / to seventeen percent. //

That's the second lowest number / in the chart. //

So, let's **talk about** some new ways / we can promote this type.

次に、ミキサーの売上についてお話しします / 前四半期の。|| グラフをご覧ください / 報告書の5ページ目の / お渡しした。||

工業用ミキサーを製造することを中止しましたので / 2ヶ月前に / 前四半期はあまり売れませんでした。||

しかし、たくさんのスティック型ミキサーは売れました / シングルサーブミキサーも。||

それはなぜなら、それらは小型で / 消費者がますます小型家電の購入をしているからで / 掃除や収納がしやすいためです。||

他のタイプのミキサーについては / その売上は大幅に減少しました / 17%へと。||

これは2番目に低い数字です / グラフの中で。||

そこで、新しい方法について話しましょう / このタイプを宣伝するための。

※直訳に近い内容にしているため、前ページのスクリプト訳とは若干表現が異なります。

- talk about が2回出てきますが、2つの単語をつなげてトーカバウtのような発音になります。have a look at もそれぞれの音がつながり、ハヴァルッカッtのような音になります。a lot of も音がつながって、母音に挟まれた t が d の音となり、アラッダヴのような音になります。

- consumer は発音記号は kənsúːmər (カンスーマー) です。con- の部分をコンと発音しないように注意しましょう。

- 2つの副詞を確認しましょう。1つは increasingly で発音記号は inkríːsiŋli (インクリィースィングリー) で、前半のリの上に強勢があります。もう1つは significantly で発音記号は signífikəntli (スィグニフィカントリー) です。ニの上に強勢があります。significantly の tly と続く時、t はほぼ発音されず、スィグニフィカンッリーのような音になります。-try のようにならないように注意が必要です。

STEP 1　自分のペースで音読しましょう

通常速度
◀147

音声を聞き、発音を丁寧に確認します。そして音をマネし、理解をしっかりしながら自分のペースで音読しましょう。

5回

1	2	3	4	5	

STEP 2　リピート音読してみましょう

リピート音声
◀148

意味の区切りごとに、スクリプトを見ながら音声の後に続けてリピート音読しましょう。　5回

1	2	3	4	5	

できるようになったら、何も見ずにリピート音読しましょう。　5回

1	2	3	4	5	

STEP 3　オーバーラッピングしてみましょう

通常速度　1.2倍速
◀147　◀149

最初は通常の速度でオーバーラッピングしましょう。　5回

1	2	3	4	5	

次に、1.2倍速でオーバーラッピングしましょう。　5回

1	2	3	4	5	

計25回　達成 !!
日付　　　　／

復習編　単語チェック　◀150

　本編で学んだ単語が聞き取れるか、空所を埋めてチャレンジしてみましょう。

1. We stopped _____ _____ blenders two months ago.

2. Consumers are _____ buying smaller _____.

3. Let's talk about some new ways we can _____ this type.

応用編　単語チェック　◀151

　本編で出てきた単語やその他の単語を含んだ文を聞き取れるか、空所を埋めてチャレンジしてみましょう。

4. Sales of sweaters and scarves have _____ _____ since the _____ _____.

5. The _____ company plans to establish a new _____ plant in Brazil.

6. Our _____ cleaners are _____ being used by food _____.

STEP 4

1. We stopped <u>manufacturing</u> <u>industrial</u> blenders two months ago.
   工業用ミキサーは2ヶ月前に製造を中止しました。

2. Consumers are <u>increasingly</u> buying smaller <u>appliances</u>.
   消費者の間で小型家電の購入が増えています。

3. Let's talk about some new ways we can <u>promote</u> this type.
   このタイプを宣伝するための新しい方法について話しましょう。

STEP 5

4. Sales of sweaters and scarves have <u>significantly</u> <u>increased</u> since the <u>previous</u> <u>quarter</u>.
   セーターとスカーフの売上は前四半期以来、大幅に増加しました。

5. The <u>appliance</u> company plans to establish a new <u>manufacturing</u> plant in Brazil.
   この家電メーカーは、ブラジルに新しい製造工場を設立する予定です。

6. Our <u>industrial</u> cleaners are <u>increasingly</u> being used by food <u>manufacturers</u>.
   当社の工業用洗浄剤は、食品メーカーでますます使用されています。

✖ quarter

quarterは「四半期」という意味です。四半期というのは、1年を3ヶ月ごとに4等分した期間を言い、一般的に、企業はこの期間ごとに財務状況を把握したり報告します。

✖ manufacture

「手」という意味の接頭辞manu-を含むmanufactureは動詞で「製造する」、名詞で「製造」という意味です。例文1では、〈stop + 動名詞:〜することを止める〉の型に、manufacturingという動名詞が挿入されています。一方、例文5では、形容詞manufacturing (製造の) が使われ、manufacturing plant (製造工場) となっていますね。

✖ industrial

形容詞industrialは「工業の」という意味です。名詞industryは「工業」という意味で、textile industry (繊維工業) のように使います。

パート4 仕上げのトレーニング

STEP 1　音声を聞いて3つの問いに答えてみましょう

✓ 倍速で理解！

　　まずは1.5倍速の音声が流れます。そして、各問いに自分で回答できるかを確かめてみましょう。3・4回聞いても難しいようなら、通常の速度の音声を聞きましょう。

✓ 自分自身の言葉で日本語回答！

　　テキストに書かれた「完璧な回答」でなくても全く問題ありません。日本語で構わないので「こんな感じのことを言っていたかな?」ということを、まずは口に出してみましょう。3つの問いに対し、自分の言葉で説明しようとすることによって、自分がどのくらいその内容を理解できているかが確認できます。

　　自分で説明することは、選択肢を選ぶことよりもずっと難易度が高いです。しかし、これができれば「英語を聞く力・理解する力」が身に付いている証拠です！

✓ 日本語回答を英語に変換！

　　もし日本語で説明できるようなら、今度はそれを簡単な英語で答えてみましょう。本文で使われていた単語を並べるだけでもとてもいい練習になります。

STEP 2 ディクテーション＆穴埋めリピートを
してみましょう

✓ 1.2倍速の音声を聞いて、適宜自分で音声を止めながら、
別紙に空所を埋めるようにディクテーションしましょう。
本書の空所は、そのまま空所にしておいてください。空所
にあるカッコのついた数は、その空所に入る単語の数を示
しています。3・4回聞いてもわからない場合は、通常の
速度の音声でチャレンジしましょう。

✓ 次に、リピート音声の後に続いて空所を口頭で埋めなが
らリピートしましょう。文全体の意味を意識しながらリピー
トしてくださいね。また、空所には複数の単語が入る場
合もあります。その場合はフレーズや英語の"カタマリ"
を意識しましょう。もし可能なら、「何も見ずにリピート」
に挑戦してください。

✓ より負荷をかけたい場合、AI英語教材 abceed のような
アプリを使い、1.5倍速や1.8倍速にして挑戦するのもオ
ススメです。

STEP 1 音声を聞いて、3つの問いに
答えてみましょう

Questions 71 through 73 refer to the following telephone message.

71. What does the speaker say about the table?

72. What did the speaker do for Mr. Owens?

73. Why does the speaker want Mr. Owens to call her back?

(解答は 196・197 ページ参照)

STEP 2 ディクテーション＆穴埋めリ
ピートをしてみましょう

( )の数字はワード数

Hi, Mr. Owens. // This is Carol Hughes

❶————————(2) Angelo's ❷—————————. //

Your table is ready to ❸——————————(3). //

We ❹———————— the broken leg / and

❺——————————(3). // The whole thing

❻——————————(3). //

Oh, you were ❼———————— how old it is. // Well,

I asked an expert / in antique furniture, / and he's

certain ⑧——————₍₄₎ England / about one

hundred years ago. //

It's rare and ⑨——————₍₂₎. // Please

⑩——————₍₅₎ / to let us know / when you'll be

coming by for it. // Thank you.

STEP 1 音声を聞いて、3つの問いに答えてみましょう

1.5倍速 通常速度
(153) (98)

Questions 74 through 76 refer to the following introduction.

74. Which department do the listeners most likely work in?

75. According to the speaker, what did Edith Harris recently do?

76. What are the listeners reminded to do?

(解答は206・207ページ参照)

 STEP 2 ディクテーション＆穴埋めリピートをしてみましょう

1.2倍速 リピート音声
(101) (100)

( )の数字はワード数

Hello, everyone. // I'd like to introduce Edith

Harris. //

She's here / to talk about the best ways / you can

❶————————(3) / and ❷————————(2) from our

customers. //

She's visited quite a few companies /

❸————————(3) / and has ❹———————— a lot of

employees / on ⑤_____(3) well / with

customers. //

In fact, she published ⑥_____(3) / on this

topic / just last month. //

This morning, / she'll ⑦_____(2) / how you

can ⑧_____ different kinds of calls. //

But before Ms. Harris ⑨_____(2), / I want to

⑩_____ everyone / to ⑪_____(4), /

which is being ⑫_____(2) now. //

Thank you.

STEP 2 解答

❶ respond to inquiries ❷ address complaints
❸ over the years ❹ educated ❺ how to communicate
❻ her latest book ❼ focus on ❽ handle ❾ gets started
❿ remind ⓫ sign the attendance sheet ⓬ passed around

STEP 1 音声を聞いて、3つの問いに
答えてみましょう

1.5倍速　通常速度
154　104

Questions 77 through 79 refer to the following talk.

77. What class does the speaker teach?

78. Why will the listeners be divided into groups?

79. What must the listeners do before seven o'clock?

（解答は 216・217 ページ参照）

STEP 2 ディクテーション＆穴埋め
ピートをしてみましょう

1.2倍速　リピート音声
107　106

（ ）の数字はワード数

Welcome to our first ❶—————(2) here / at the

community center. //

I'm Sarah, your instructor, / and this is my

assistant, Aaron. //

First, we're going to ❷—————(4) / with all the

tools on it. //

I'll ❸——————(3) of each tool / and

❹——————(4) properly. //

After that, / I'll ❺——————(4). // Some of you

are beginners, / so Aaron will be ❻——————(2)

the basics / with your group today. //

For those of you who've ❼——————(2) before, /

I'll be ❽——————(4) / with your group / at that

table over there. //

Oh, one more thing... // ❾——————(4) right

after this one, / so we'll have to ❿——————(2) /

before seven o'clock.

🚃 STEP 2 解答

❶ pottery class ❷ gather around that table
❸ explain the function ❹ how to use it
❺ separate you into groups ❻ going over ❼ made pottery
❽ reviewing a few techniques ❾ There'll be another class
❿ tidy up

STEP 1 音声を聞いて、3つの問いに
答えてみましょう

1.5倍速 通常速度
155 110

Questions 80 through 82 refer to the following telephone message.

80. What did the listener do last week?

81. Why does the speaker say, "your stay was for three nights"?

82. According to the speaker, what does the listener have to do?

（解答は226・227ページ参照）

 STEP 2 ディクテーション＆穴埋め
ピートをしてみましょう

1.2倍速 リピート音声
113 112

（　）の数字はワード数

Hi, Mr. Fergus. // It's Mary Larsen from

❶————————.

I have a question / about the ❷————————(3) /

you submitted after the ❸————————(2) / you

attended last week. //

According to the receipt from the hotel / you

❹————————(3)' / your stay was for three nights. //

The information on the form / must therefore be

⑤———————, / as you wrote down / that you

stayed for only two. //

⑥———————(3) / for the entire stay, / but you'll

have to ⑦——————— the form first. //

If you could ⑧———————(4) to do that / before

you ⑨———————(2) today, / ⑩———————(3). //

Thank you.

🔖 **STEP 2** 解答

❶ accounting ❷ travel expense sheet ❸ trade show
❹ provided us with ❺ incorrect ❻ You'll be reimbursed
❼ correct ❽ stop by my department ❾ leave work
❿ that'd be great

STEP 1 音声を聞いて、3つの問いに
答えてみましょう

1.5倍速 通常速度
156 116

Questions 83 through 85 refer to the following announcement.

83. Why is the speaker pleased?

84. According to the speaker, what have the listeners done?

85. What does the speaker want some listeners to do by Friday?

（解答は236・237ページ参照）

 STEP 2 ディクテーション＆穴埋め
ピートをしてみましょう

（　）の数字はワード数

1.2倍速 リピート音声
119 118

Listen up, everyone! // I've got some great news. //

❶————————(5) / that our business was selected /

to ❷————————(3) / from the Linden Chamber of

Commerce. //

The award is being given to us / ❸————————(3)

the beach cleanup / we organized / and

❹————————(3) last September. //

And it ⑤——————(3) to us / at a ⑥——————

on February 9. //

Other ⑦——————(4) for their activities as well, /

so they have also been invited / to

⑧——————(3). //

The chamber of commerce / gives each of the

companies three tickets to the ⑨——————, /

so if ⑩——————(3) attending with me, / please

let me know by Friday.

仕上げトレーニング

 STEP 1 音声を聞いて、3つの問いに
答えてみましょう

1.5倍速 通常速度
(157) (122)

Questions 86 through 88 refer to the following news report.

86. What will happen in April?

87. What problem did Mayor Davis mention?

88. According to the speaker, what may some listeners have to do?

（解答は246・247ページ参照）

STEP 2 ディクテーション＆穴埋め
リピートをしてみましょう

1.2倍速 リピート音声
(125) (124)

（ ）の数字はワード数

In local news, / Mayor Rick Davis ❶——————

today / that the old bridge / over Clayton Creek in

downtown Arlsville / ❷——————(3). //

Demolition ❸——————(3) April, / and

❹—————— of the new structure / will begin in

May. //

At a ❺——————(2), / Mayor Davis said / that the

bridge is eighty years old, / and really heavy

vehicles cannot ⑥——————(3). //

When the new one opens, / transport trucks will

⑦——————(3) use it, / so drivers won't have to

go all the way / to Pelbury Bridge, north of the

city. //

He added / that the new bridge will

⑧——————(2) by July. //

Until then, / motorists will be required to

⑨——————(2) / around the ⑩——————(2).

STEP 1 音声を聞いて、3つの問いに
答えてみましょう

Questions 89 through 91 refer to the following excerpt from a meeting.

89. What is the speaker mainly talking about?

90. What does the speaker imply when he says, "there's a ten-story parking garage around the corner"?

91. What does the speaker say he plans to do?

（解答は256・257ページ参照）

 STEP 2 ディクテーション＆穴埋めリ
ピートをしてみましょう

（ ）の数字はワード数

OK, I'll ❶————(4) / about the parking

situation / around our office building. //

As you know, / lots of people who don't work

here / have been using our parking lot lately. //

Many come to ❷————(3) / at the

supermarket next door. //

I'm not sure / why they park in our lot, / as the supermarket has its own. //

Plus, there's a ten-story ❸＿＿＿＿＿(2) around the corner. // But to ❹＿＿＿＿＿ non-employees from ❺＿＿＿＿＿(3), / we've hired a ❻＿＿＿＿＿(2). //

And all employees parking here / will be ❼＿＿＿＿＿(3) / they'll have to show that ❽＿＿＿＿＿ / beginning in January. //

The ❾＿＿＿＿＿(2) will ❿＿＿＿＿ these soon, / and I'll write up a memo / about these changes / and e-mail it to all staff today.

STEP 2 解答

❶ start with an update ❷ do their shopping
❸ parking garage ❹ restrict ❺ entering our premises
❻ parking attendant ❼ given a permit ❽ attendant
❾ administration department ❿ issue

STEP 1 音声を聞いて、3つの問いに
答えてみましょう

1.5倍速 通常速度
(159) (134)

Questions 92 through 94 refer to the following telephone message.

92. What problem does the speaker mention?

93. What does the speaker mean when he says, "but we'll probably have to push it back"?

94. What does the speaker want to do?

(解答は266・277ページ参照)

STEP 2 ディクテーション＆穴埋め
ピートをしてみましょう

1.2倍速 リピート音声
(137) (136)

( )の数字はワード数

Hi, Peter. // This is Angelo Romero

❶——————(3). //

Our ❷——————(4). // He won't be arriving in

San Francisco / until around 2:30 now. //

Our software presentation ❸——————(3) three

o'clock, / but we'll probably have to

❹——————(3). //

If we ⑤————(2) do that, / I'll ⑥————(3)

the new time. //

I don't see you at your desk now, / so I

⑦———— you're on your lunch break. //

Call me when you ⑧————(2). //

After that, / we can ⑨————(2) the projector /

with my laptop / in the ⑩————(2).

STEP 1　音声を聞いて、3つの問いに
答えてみましょう

1.5倍速　通常速度
160　140

Questions 95 through 97 refer to the following recorded message and schedule.

Special Summer Tours	
Grand Canyon	August 10–13
Sedona Valley	August 15–18
Big Bend	August 21–25
Mount Broderick	August 27–31

95. Why is Exploria Travel currently closed?

96. Look at the graphic. Which trip is sold out?

97. What does the speaker encourage listeners to do?

（解答は 276・277 ページ参照）

 STEP 2　ディクテーション＆穴埋めリ
ピートをしてみましょう

1.2倍速　リピート音声
143　142

（　）の数字はワード数

Thank you for calling Exploria Travel. // We are

closed this week, / as we are ❶――――― our

office / in the Biltmore Shopping Plaza. //

If you are calling / to ②_____₍₂₎ our special

summer tours, / please ③_____₍₂₎ / that there

are no more spots ④_____₍₄₎ / beginning on

August 21. //

Please visit our Web site / for information about

all of our trips / and to see pictures of the

⑤_____ / we visit. //

You can also ⑥_____₍₂₎ with us online. //

Our office will ⑦_____ on August 15, / and

we hope you stop by / to ⑧_____ our travel

⑨_____ / and talk to our staff. //

Thank you.

STEP 1　音声を聞いて、3つの問いに
答えてみましょう

1.5倍速　通常速度
161　146

Questions 98 through 100 refer to the following excerpt from a meeting and chart.

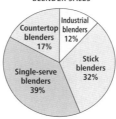

BLENDER SALES

Industrial blenders 12%

Countertop blenders 17%

Stick blenders 32%

Single-serve blenders 39%

98. What does the speaker instruct the listeners to do?

99. According to the speaker, what has changed?

100. Look at the graphic. What type of blender will the listeners discuss?

（解答は286・287ページ参照）

STEP 2　ディクテーション＆穴埋め
リピートをしてみましょう

1.2倍速　リピート音声
149　148

（　）の数字はワード数

Next, I will talk about our ❶——————(2) / in the

❷——————(2). // Have a look at the chart / on

page five of the report / I ❸——————(2). //

We stopped ④——————— industrial blenders /

two months ago, / so we didn't sell many of them

last quarter. //

But we sold a lot of stick blenders / and single-

serve blenders. //

This is because they are small, / and consumers

are ⑤——————— buying smaller appliances, /

which are ⑥———————(3) and ⑦———————. //

As for our other type of blender, / sales of these

have ⑧———————(2) / to seventeen percent. //

That's the ⑨———————(2) number / in the chart. //

So, let's talk about some new ways / we can

⑩———————(3)·

🚂 STEP 2 解答

❶ blender sales ❷ previous quarter ❸ passed out
❹ manufacturing ❺ increasingly ❻ easy to clean ❼ store
❽ significantly dropped ❾ second lowest
❿ promote this type

著者紹介

駒井 亜紀子 (こまい あきこ)

神田外語学院　東京海洋大学講師。
TOEIC® L&R TEST 990点（満点）、英検1級。
外資系企業勤務を経て、英語講師へと転身。

Daniel Warriner (ダニエル ワーリナ)

1974年、カナダ、ナイアガラフォールズ生まれ。ブロック大学
英文学科卒。1998年来日。北海道大学、都内の英語学校で
TOEIC® L&R Test 対策、英会話を教えるとともに、講師トレー
ニング及び教材開発に携わる。現在、翻訳会社に勤務。共著書に「TOEIC®
L&R TEST 読解特急シリーズ」（小社）、『はじめての新 TOEIC® TEST
完全総合対策』(IBC パブリッシング)、『TOEIC® L&R TEST 標準模試 2』
(yadokari) などがある。

TOEIC® L&R TEST 音読特急
速聴力をつける

2022 年 5 月 30 日　第 1 刷発行

著　者	駒井 亜紀子 Daniel Warriner
発行者	三宮 博信
装　丁 本文デザイン イラスト	川原田 良一 コントヨコ cawa-j ☆ かわじ
印刷所 発行所	大日本印刷株式会社 朝日新聞出版

〒 104-8011　東京都中央区築地 5-3-2
電話 03-5541-8814 (編集)　03-5540-7793 (販売)
© 2022 Akiko Komai, Daniel Warriner
Published in Japan by Asahi Shimbun Publications Inc.
ISBN 978-4-02-332251-6
定価はカバーに表示してあります。
落丁・乱丁の場合は弊社業務部 (電話 03-5540-7800) へご連絡ください。
送料弊社負担にてお取り替えいたします。